이수진

고향은 서울이지만 서울 외의 다른 지역에서 더 많이 살았다. 나이팅게일과 슈바이쳐의 영향으로 의사가 되기 위해 생물학과에 진학하였으나, 대학 진학후 심리학이란 학문을 알게 되면서, 심리학과로 편입했다. 임상심리전공으로 석사과정을 마친 후 상담센터와 병원 수련과정 및 소정의 시험을 거치면서 한국심리학회에서 주는 임상심리전문가 자격을 취득했다. 사상심리학의 과학화를 꿈꾸는 남편과 함께 미국에서 잠깐 연구원 생활을 하면서 연구와 출판이 매우 흥미롭다는 것을 깨닫고 한국에 돌아와서 박사과정에 들어갔다. 철학박사(임상심리학 전공)를 취득후 운칠기삼 덕분에 2012년부터 대학교에서 교편을 잡고 있다. 방문교수로 연을 맺은 워싱턴 대학교의 클로닌져(Cloninger) 박사님과 지금까지 공동연구를 지속하고 있으며, 행복을 과학적으로 증명하기 위한 연구와 출판 활동을 진행하고 있다. 100편이 넘는 논문과 책을 저술하였으며 현재는 부산에 있는 경성대학교 심리학과에서 학생들 교육과 연구에 매진하고 있다. 또한 박사과정 제자들과 함께 연 심리캄트리(CALMTREE) 심리연구소를 운영하면서 다양한 심리서비스를 제공하고 있다(https://www.calmtree.kr/).

치유인문컬렉션

05

행복해질 수 있는 용기

Collectio Humanitatis pro Sanatione V

homo

미다스북스

치유인문컬렉션 도서 목록

『자기배려, 스스로 돌보는 몸과 삶』

『차크라의 지혜』

『숲을 만나는 기쁨』

『감정조율을 위한 소리 이야기』

『행복해질 수 있는 용기』

『청춘 위로』

『다무포하얀마을 고래의 꿈』

『오직 모를 뿐_벽암록』

『고전치유학을 위하여』

『위로의 도시』

『금강산을 누워서 걷노라니』

『파리는 당신을 기억합니다』

* 콜렉티오 후마니타티스 프로 사나티오네(Collectio Humanitatis pro Sanatione)는 라틴어로 치
유인문컬렉션이라는 뜻입니다. 세상의 상처를 치유하기 위해서는 인간이 만들어낸 모든
학문이 동원되어야 한다는 생각에서 출발합니다.

우리는 자기초점화된 자의식에서 벗어나 우리의 주변을 돌아보고,
미처 깨닫지 못했던 일상의 소중함을 자각하는 자세가 필요하다.

사실 나라도 그런 상황에서 그럴 수 있겠다는 생각이 든다면…
그 사람과 내가 그렇게 다르지 않다는 것을 직접 체감할 수 있다면…

갈등을 통해 증폭된 상대방과 나의 차이점을
더 이상 크게 지각하지 않고,
유사점에 강조를 두면서
이해의 폭이 확장되는 경험을 할 수 있다.

물이 흘러가는 것을 지켜보는 것처럼
부정적으로 판단하지 않고,
새로운 태양이 내일 다시 떠오른다는 자세로
하루하루를 살아갈 것을 당부한다.

우리는 현실적인 수준에서,
그리고 내가 할 수 있는 정도에서
무언가를 풀어나갈 수 있다.

우리는 전지전능한 신이 아닌
인간이라는 점을 잊으면 안 된다.

타인과 더불어 살아가는 소중함과
그런 우리를 둘러싼 자연의 소중함을 자각하면서,

일상의 소소함이 주는 확실한 행복인 '소확행'에
한 발짝 더 다가갈 수 있지 않을까?

인류가, 아니 영장류가 친절함과 다정함을 기준으로
진화했다는 이론을 적용해 본다면
우리는 진화의 방향을 거스르지 않는
구체적인 방법들을 고민하면서 살아야 하지 않을까.

유대모닉적 행복은 나만 잘 먹고 잘 사는 것이 아니라,
우리가 다 같이 잘 먹고 잘 사는 것이 포함된다.

여기에는 소통과 협동이 중요한 전제가 될 것이다.

목차

4장 시대의 행복: 코로나 시대의 행복찾기

존재와 치유, 그리고 인문

존재

"나는 생각한다, 그러므로 존재한다."

어느 이름난 철학자가 제시한 명제다. 생각으로부터 존재하는 이유를 찾는다는 뜻이다. 나름 그럴듯한 말이지만 결국 이 말도 특정한 시기, 특정한 공간에서만 적절한 명제이지 않을까? 물론 지금도 그때의 연장이요, 이곳도 그 장소로부터 그리 멀지 않다는 점에서 그 말의 효능은 여전하다고 하겠다. 다만 존재 이전에 생각으로 존재를 규정하는 것이 가끔은 폭력이라는 생각도 든다. 나는 이렇게 실제 존재하고 있는데, 존재를 증명하기 위해 합리적이고 논리적인 설득을 선결해야 한다. 만일 존재를 설득해내지 못하면 나의 존재는 섬망(譫妄)에 불과할지도 모르다니! 그래서 나는 이 말의 논리가 조금 수정될 필요가 있다고 생각한다.

"나는 존재한다. 그러므로 존재한다."

존재 그 자체가 존재의 이유인 것이다. 누가 호명해주지 않아도 존재하는 모든 것은 나름의 이유가 있고, 존중받을 가치를 지니고 있다. 존재는 그 자체로 완전하며 누군가의 판단 대상이 아니다. 비교를 통해 우열의 대상이 되어도 안되고, 과부족(過不足)으로 초과나 결손으로 판단되어도 안된다. 또한 사람이든 동물이든, 식물이든, 벌레든 외형이 어떤가에 상관없이 세상에 나오는 그 순간부터 존재는 이뤄지고 완성되며 온전해진다. 존재는 태어나고 자라고 병들고 죽는다. 이 자체는 보편진리로되, 순간마다 선택할 문은 늘 존재한다. 그 문도 하나가 닫히면 다른 문이 열리니, 결국 문은 열려 있는 셈이다. 그 문을 지나 길을 걷다 보면 어느새 하나의 존재가 된다. 어쩌면 순간순간 선택할 때는 몰랐지만, 이것이 그의 운명이요, 존재의 결과일지도 모를 일이다. 그런 점에서 그의 선택은 그에게 가장 알맞은 것이었다. 존재는 그 자체로 아름답다.

치유

그런 점에서 치유라는 개념은 소중하다. 치유는 주체의

존재에 대한 긍정을 바탕으로 자신을 스스로 조절해가는 자정 능력을 표현한다. 외부의 권위나 권력에 기대기보다는 원력(原力, 원래 가지고 있던 힘)에 의거해 현존이 지닌 결여나 상처나 과잉이나 숨가쁨을 보완하고 위로하며 절감하고 토닥여주는 것이다. 원력의 상황에 따라서 멈추거나 후퇴하거나 전진을 단방(單方)으로 제시하며, 나아가 근본적인 개선과 전변, 그리고 생성까지 전망한다. 간혹 '치유는 임시방편에 지나지 않은가' 하는 혐의를 부여하기도 한다. 맞는 지적이다. 심장에 병이 생겨 수술이 급한 사람에게 건네는 위로의 말은 정신적 안정을 부여할 뿐, 심장병을 없애지는 못한다. 그러나 병증의 치료에 근원적인 힘은 치료 가능에 대한 환자의 신뢰와 낫겠다는 의지에 있음을 많은 의료 기적들은 증언해주고 있다. 어쩌면 우리는 이 지점을 노리는지도 모르겠다.

구름에 덮인 산자락을 가만히 응시하는 산사람의 마음은 구름이 걷히고 나면 아름다운 산이 위용을 드러내리라는 믿음을 바탕으로 한다. 내보이지 않을 듯이 꼭꼭 감춘 마음을 드러내게 만드는 것은 관계에 대한 은근한 끈기와 상대에 대한 진심이 아니던가! 치유는 상처받은 이 (그것이 자신이든 타인이든)에 대한 진심과 인내와 신뢰를 보내는 지극히 인간적인 행위이다. 마치 세상의 모든 소리를 듣고 보겠다는 관세음보살의 자비로운 눈빛과 모든 이의 아픔을 보듬겠다며 두 팔을 수줍게 내려 안는 성모마리아의 자애로운 손짓과도 같다. 이쯤 되면 마치 신앙의 차원으로 신화(神化)되는 듯하여 못내 두려워지기도 한다. 그러나 치유의 본질이 그러한 것을 어쩌겠는가!

인문

우리는 다양한 학문에서 진행된 고민을 통해 치유를 시도하고자 한다. 흔히 인문 운운할 경우, 많은 경우 문학이나 역사나 철학 등등과 같은 특정 학문에 기대곤 한다. 이는 일부는 맞고 일부는 그렇지 않다. 세상은 크게 세 가지로 구성되어 있다. 여러분이 한번 허리를 곧게 세우고 서 보라. 위로는 하늘이 펼쳐져 있고, 아래로 땅이 떠받치고 있다. 그 사이에 '나'가 있다.

고개를 들어본 하늘은 해와 달이, 별들로 이뤄진 은하수가 시절마다 옮겨가며 아름답게 수놓고 있다. 이것을 하늘의 무늬, 천문(天文)이라고 부른다. 내가 딛고 선 땅은 산으로 오르락, 계곡으로 내리락, 뭍으로 탄탄하게, 바다나 강으로 출렁이며, 더러는 울창한 숲으로, 더러는 황막한 모래펄로 굴곡진 아름다움을 이루고 있다. 이것을 땅의 무늬, 지문(地文)이라고 부른다. 그들 사이에 '나'는 그

수만큼이나 다양한 말과 생각과 행위로 온갖 무늬를 이뤄내고 있다. 이것을 사람의 무늬, 인문(人文)으로 부른다.

인문은 인간이 만들어내는 모든 것을 가리킨다. 그 안에 시간의 역사나 사유의 결을 추적하는 이성도, 정서적 공감에 의지하여 문자든 소리든 몸짓으로 표현하는 문학 예술도, 주거 공간이 갖는 미적 디자인이나 건축도, 인간의 몸에 대한 유기적 이해나 공학적 접근도, 하다못해 기계나 디지털과 인간을 결합하려는 모색도 있다. 이렇게 인문을 정의하는 순간, 인간의 삶과 관련한 모든 노력을 진지하게 살필 수 있는 마음이 열린다. 다만 이 노력은 인간이 지닌 사람다움을 표현하고 찾아주며 실천한다는 전제하에서만 인문으로 인정될 수 있다. 이제 천지와 같이 세상의 창조와 진퇴에 참육(參毓)하는 나를, 있는 그대로 바라볼 때가 되었다.

餘滴

어데선가 조그마한 풀씨 하나가 날아왔다. 이름 모를 풀씨가 바윗그늘 아래 앉자 흙바람이 불었고, 곧 비가 내렸다. 제법 단단해진 흙이 햇빛을 받더니, 그 안에서 싹이 올라왔다. 그런데 싹이 나오는 듯 마는 듯하더니 어느

새 작은 꽃을 피웠다. 다음 날, 다시 풀씨 하나가 어데선가 오더니만 그 곁에 앉았다. 이놈도 먼저 온 놈과 마찬가지로 싹을 틔우고 꽃을 피웠다. 그런데 이게 웬일인가! 그 주위로 이름 모를 풀씨들은 계속 날아와 앉더니 꽃을 피워댔다. 이들은 노란빛으로, 분홍빛으로, 보랏빛으로, 하얀빛으로, 혹은 흙색으로 혹은 알록달록하게 제빛을 갖추었다. 꽃 하나하나는 여려서 부러질 듯했는데, 밭을 이루자 뜻밖에 아름다운 꽃다지로 변했다. 생각지도 못한 일이었다!

이 컬렉션은 이름 모를 풀꽃들의 테피스트리다. 우리는 처음부터 정교하게 의도하지 않았다. 아주 우연히 시작되었고 진정 일이 흘러가는 대로 두었다. 필자가 쓰고 싶은 대로 쓰도록 했고, 주고 싶을 때 주도록 내버려 두었다. 글은 단숨에 읽을 분량만 제시했을 뿐, 그 어떤 원고 규정도 두지 않았다. 자유롭게 초원을 뛰어다닌 소가 만든 우유로 마음 착한 송아지를 만들어내듯이, 편안하게 쓰인 글이 읽는 이의 마음을 편안하게 할 것이라는 믿음 때문이었다. 우리는 읽는 이들이 이것을 통해 자신을 진지하게 성찰하고 새롭게 각성하기를 원하지 않는다. 그저 공감하며 고개를 주억거리면 그뿐이다. 읽는 분들이여, 읽다가 지루하면 책을 덮으시라. 하나의 도트는 점박이를 만들지만, 점박이 101마리는 멋진 달마시안의 세계를 만들 것이다. 우리는 그때까지 길을 걸어가려 한다. 같이 길을 가는 도반이 되어주시는 그 참마음에 느꺼운 인사를 드린다. 참, 고맙다!

2024년 입추를 지난 어느 날
치유인문컬렉션 기획위원회 드림

서문

　사람들에게 "왜 사느냐."고 물으면 대부분 "행복해지기 위해서"라고 대답합니다. 그러나 행복해지기 위한 방법은 상당히 다양합니다. 어떤 방법을 선택해야 할까요? 특히 실증적인 증거를 요구하는 21세기에 행복해지기 위한 실증적인 방법은 존재하는 것일까요? 즉 행복은 과학적 학문의 대상이 될 수 있을까요?

　최근에는 행복을 추구하는 과학적이고 객관적인 방법들에 대한 연구가 활발히 진행되고 있습니다. 이제 행복은 더 이상 철학이나 윤리학, 인문학의 전유물이 아닙니다. 과학적인 접근을 통해 관찰하고, 가설을 세워 검증하며, 입증할 수 있는 주제가 되었습니다. 그럼에도 불구하고 증명된 행복해지는 방법을 선택하는 사람은 많지 않습니다. 아마도 가장 중요한 첫 번째 이유는, 이러한 방법들이 널리 알려지지 않았기 때문일 것입니다. 이것이 이 책을 쓰게 된 가장 중요한 이유입니다.

그리고 또 다른 이유는 팔자론이나 운명론의 영향일 것이라고 생각합니다. "이대로 살다가 죽겠다.", "팔자다.", "이미 정해져 있다."라는 생각을 가진 사람들에게는 행복해지기 위해 노력한다는 것 자체가 말이 되지 않을 수 있습니다. 이러한 사람들은 고정된 마인드를 가지고 있습니다. 천재도 타고나고, 행복도 타고난다고 믿으며, 변화의 가능성을 외면합니다. 그래서 노력을 기울이지 않으려고 합니다. 어떤 이유든 간에 행복해지기 위해서는 기꺼이 시도하고 도전하는 용기가 필요합니다.

동시에 우리는 노력하면 나아질 수 있다는 것을 알면서도 최소의 노력으로 최대의 행복을 얻으려는 욕심꾸러기 마음이 존재합니다. 그러나 안타깝게도 세상은 공짜가 아니기에 그런 것은 없습니다. 행복해지고 싶다면, 의식적인 훈련과 노력, 연습을 통해 행복을 이루어야 합니다. 이 책은 그런 용기를 북돋우기 위해, 노력이 필요하다는 사실에 주저하는 여러분에게 숨어있는 용기를 찾을 수 있도록 독려하는 책입니다. 행복을 찾을 수 있는 실증적인 방법들을 보여주면서, 여러분이 직접 실천해 보도록 촉구합니다.

이제, 이 책의 첫 장을 넘기며 새로운 여정을 시작해 보세요. 여러분의 여정이 풍요롭고 의미 있는 시간이 되기를 진심으로 기원합니다.

감사합니다.

1장

나의 행복:
당신은 행복을 선택할
용기가 있습니까?[)]

homo

Collectio Humanitatis pro Sanatione V

한국에 **웰빙** 바람이 신나게 불고 있을 때, 좋은 음식 먹고 좋은 곳에 가는 것만이 웰빙일까 하는 생각을 한 번쯤 해 보았을 것이다. 지나친 상술에 눈살 찌푸리면서도 모두들 맛집 나들이 가는 대열에 나만 동참하지 않는 건 왠지 아닌 것 같아서 한두 번은 여행사에 몸을 맡겨보았을 것이다. 네이버 국어사전에 따르면 웰빙이란 '최근의 바쁜 일상과 인스턴트식품, 스트레스에서 벗어나 건강한 육체와 정신을 추구하는 라이프 스타일의 행복한 삶'을 의미한다고 한다. 바쁜 일상을 벗어나 맛집에서 좋은 풍경을 즐기는 라이프 스타일을 가지면 행복해질까? 맛집을 찾아다닐 경제적 여유나 시간이 없다면 우리는 행복할 수 없는 걸까?

이런 의문을 가지던 어느날 미국에 방문 교수로 가게 되는 똑똑한 배우자를 둔 덕분에 미국 미주리주 세인트

루이스(야구를 좋아하는 사람들은 세인트루이스 카디날스 야구팀을 알 것이다. 바로 그 도시이다)에 가게 되었다. 미국 중부에서는 나름 아이비리그(이름은 한두 번쯤 들어보았을 하버드, 예일 대학 등이 미국 동부의 그 유명한 아이비리그 대학 중 하나다) 급인 워싱턴 대학교에서 심리검사를 만든 Cloninger 교수(클로닌져라고 읽으면 된다. 정신과 의사로, 영어판 위키피디아 백과사전을 찾아보면 그의 긴 일대기가 나오는, 전세계적으로 매우 유명한 교수이다)의 연구실에서 남편과 같이 일을 하게 되었다(저자도 어떻게 하다 보니 직업군이 교수이긴 하다). 그런데 신기하게도 그곳 연구실의 이름이 웰빙센터(Center for well-being)였다. 음… 정신과 의사가 맛집과 경치를 연구하나?

클로닌져 교수를 간단하게 소개하면, 생물학적 나이는 칠순이 많이 지났지만 외모에서 풍기는 이미지는 팔팔한 60대의 산타클로스 할아버지 아니 젊은 오빠와 같은 인상을 풍기는 분이다. 그가 개발한 **기질 및 성격 검사**(영어로는 Temperament and Character Inventory인데 줄여서 TCI라고 읽는다. 한국에서도 TCI 검사가 출판되어 있어 마음만 있다면 검사를 실시하고 해석을 받을 수 있다)는, 정신과 환자뿐만 아니라 일반인들도 사용할 수 있으며, 생물학적 토대를 바탕으로 개인의 인성에 영향을 미치는 심리적, 사회적 요인까지 고려한 종합적인 인성 검사이다.

TCI는 4가지 기질차원과 3가지 성격차원으로 이루어

져 있는데 1987년 처음 세상에 소개되었을 때는 자극추구, 위험회피성, 사회적 민감성이란 3가지 기질 차원만을 가진 TPQ(Tri-dimensional Personality Questionnaire: 세 가지 인성을 측정하는 설문지라고 해석해 두자)라는 심리검사로 먼저 탄생하였다. 이때 자극추구란 새롭고 신기한 것에 이끌리는 유전적 경향을 의미한다. 자극추구가 높으면 새롭고 낯선 것일지라도 열정적으로 탐색하고, 남들이 예견하지 못하는 숨어있는 보상을 잘 발견한다. 그러나 욕구가 좌절될 때 쉽게 화를 내거나 의욕을 상실하고, 대인관계에 있어서 불안정하고 지속적인 노력을 기울이기 어려워할 수 있다. 위험회피란 처벌이나 위험을 회피하려고 행동을 억제, 중단하는 유전적 경향을 말한다. 위험회피가 높으면, 위험이 예상되는 상황에서 조심스럽게 미리 세심한 대비를 하기 때문에 위험이 실제 현실로 나타날 때 사전 계획과 준비가 큰 도움이 된다. 그러나 위험이 현실적이지 않을 때에도 불필요한 걱정을 하기도 한다. 사회적 민감성이란 사회적 보상 신호와 타인의 감정을 민감하게 파악하는 유전적 경향을 의미한다. 사회적 민감성이 높으면, 사회적 관계를 더 쉽게 형성할 수 있으며, 타인의 감정을 더 잘 이해할 수 있다. 그러나 타인에 의해서 자신의 견해와 감정이 곧잘 영향을 받기 때문에 객관성을 상실하기가 쉽다.

기질 영역만 있는 TPQ를 가지고 열심히 연구를 하던 클로닌져 교수는 TPQ를 TCI로 업그레이드하게 된 결정적인 사건을 접하게 된다. 어느 날 클로닌져 교수가 자기 개인 비서의 남편의 TPQ를 채점하다가 우연히 책상 한 구석에 있는 조현병(정신분열증의 새로운 명칭이다. 조현은 현악기의 줄을 고른다는 의미로, 악기의 줄을 잘 고르면 좋은 소리가 나듯이 정신분열증 환자도 치료만 잘 받으면 일상생활로 복귀가 가능하다는 긍정적인 면을 강조하기 위해 개명하게 되었다) 환자의 TPQ 프로파일을 보게 되었다. 그런데 아니 이럴 수가. 두 사람의 기질 프로파일이 일치하는 것이 아닌가. 그런데 한 사람은 잘 나가는 성공한 CEO로서 아주 잘 살고 있는데, 다른 한 사람은 조현병 환자로서 몇십 년째 자신에게 치료를 받고 있다니. 클로닌져 교수는 자신의 인성 검사가 타고난 특성뿐만 아니라 현재의 적응 정도까지 통합적으로 측정하는 검사라고 생각했었는데, 그게 아니었음을 깨닫고 부단한 연구를 통해 드디어 1994년 성격 차원을 추가하여 TCI를 개발하기에 이른다.

인성이란 무엇인가?
인성검사는 무엇을 측정하는가?

여기서 잠깐. 동상이몽이 되지 않기 위해(사실 세상 돌아가는 것을 보면 같은 단어를 사용하면서도 정반대의 의미로 사용하고, 반대의 단어를 사용하지만 내용을 살펴보면 똑같은 개념으로 사용하고 있는 것을 종종 보게 되지 않는가?) 이 글을 읽는 당신과 내가 같은 의미의 단어를 쓰길 바라면서 몇 가지 단어를 정리해 보자. 나름 교수가 쓰는 글이니 양질의 대학교 수업이라고 생각하시고 조급함을 조금만 참고 너그럽게 읽어주시면 충분히 이해하실 수 있으리라 생각한다.

우선 **기질**이란 타고난 유전적 성향이라고 생각해 보자. 오른손잡이인 당신은 왼손도 쓸 수 있겠지만 평상시에는 오른손으로 글을 쓰고 화장실에 가서 볼일도 볼 것이다. 그러나 오른손을 다치게 되어 깁스를 하게 된다면 당분간은 왼손을 쓸 수밖에 없다. 그렇지만 다친 손이 나으면 당신은 잽싸게 오른손잡이로 돌아올 것이다. 기질도 마찬가지이다. 타고난 선천적 성향이라 다양한 주변 상황에도 불구하고 당신은 일정한 패턴을 가지고 반응을 하게 된다. 예를 들면, 엉덩이가 가벼워 한 자리에 오래 앉아있기 힘들다거나, 혼자 무언가를 하는 것보다는 다른 사람들과 같이 하는 것을 좋아할 수 있다. 위에서 설명한 자극추구, 위험회피, 사회적 민감성이 이러한 기질에 해당된다.

자 그러면 이번에는 **성격**(또는 성품)이란 의미를 살펴보자. 우리는 '성격이 변하는가, 아니면 변하지 않는가.'라는 주제로 열띤 토론을 해 본 적이 있을 터인데, 성격을 변하지 않는다고 본다면 기질=성격이라고 생각할 수 있다. 그런데 성격이 변한다고 생각한다면, 즉 타고난 부분도 있지만 후천적인 영향을 더 많이 받아 변화될 가능성이 높은 성향이라고 생각한다면, 그것이 바로 TCI에서 말하는 성격으로, 이 성격 차원에서 높은 점수를 나타낸다면, 바로 그 부분이 인격적으로 성숙하다고 말할 수 있을 것이다.

그럼 마지막으로 **인성**이란 무엇인가. 인성이란 우리가 흔히 말하는 성격(personality)이다. 즉 개인이 가지고 있는 고유의 성질이나 품성을 의미한다. 우리는 인성을 대개 성격이란 의미로 혼용해서 사용하고 있는데, TCI라는 '기질 및 성격 검사' 입장에서 보면 기질과 성격을 모두 합한 것이 인성이고, 그 인성이 우리가 흔히 성격이라 부르는 것이라고 이해하면 된다. 자, 그렇다면 TCI의 기질과 성격(=성품), 이 둘을 합한 인성이 무엇을 말하는지 개념이 잡히는가?

자 그럼 다시 TCI로 돌아가 보자. 클로닝져 교수는 자신의 인성 검사가 무언가를 놓치고 있다는 것을 깨닫고 부단한 연구를 통해 드디어 1994년 성격의 3가지 차원(자율성, 연대감, 자기초월)을 추가하여 TCI를 개발하기에 이른다. 즉 개인의 타고난 정서적 경향성 너머, 자신이 목표한 것을 성취할 수 있도록 스스로를 통제하고 조율할 수 있는 인간(자율성), 사회의 일원으로 자신뿐만 아니라 타인을 이해하고 배려하며 공감하고 협동할 수 있는 인간(연대감), 자신을 우주 혹은 자연의 부분으로써 받아들이며 결과보다는 과정을 즐기고 겸손하며 영적인 것을 가치 있는 것으로 받아들이는 인간(자기초월)이라는 세 가지 인격적 성숙을 측정할 수 있는 검사를 만들어 내게 되었다.

성격 개념은 읽다 보니 좀 익숙한 개념이라는 생각이 들지 않는가? 『대학(大學)』의 8조목에 나오는 "**수신제가 치**

18년 행복: 당신은 행복을 선택할 용기가 있습니까?

국평천하(修身齊家 治國平天下)"란 말이 떠오르지 않는가? 먼저 몸과 마음을 닦아 수양하여 집안을 안정시킨 후에 나라를 다스리고 천하를 평정할 수 있다는 의미이다. 아니 우리는 분명히 잘 먹고 잘사는 웰빙 이야기로 시작하였고, 웰빙센터가 나오는 것 같더니, 그 웰빙센터를 만든 교수가 개발한 인성검사에 대해 이야기하였는데, 마지막은 뜬금없이 동양의 수신제가 치국평천하로 연결되는 이 논리는 무엇이지? 눈치 빠른 독자는 아마 알아차렸을 것이다. 바로 성격이 좋으면 웰빙할 수 있다는 그런 질문 아니냐고? 웰빙하면 결국 마음을 잘 다스릴 수 있기 때문에 천하를 평정한 것과 다를 바 없는 것 아니냐고? 바로 맞혔다.

행복에도 노력이 필요하다

　그렇다면 우리는 이런 질문에 봉착하게 된다. 좋은 성품을 가지면 웰빙하며 살 수 있냐는 말이냐. 음… 인격적으로 성숙하면 좋지만 인격적으로 성숙하지 않아도 나는 먹고 사는 데 전혀 지장 없다고 생각하는 독자도 분명 있을 것이다. 그런 사람들에겐 웰빙과 똑같은 말인 행복하게 살고 싶은지를 묻는다면, 누구나 그렇다고 대답할 것이다. 아 도대체 성숙해지는 것과 웰빙/행복해지는 것이 무엇이지? 여기에는 우리가 아는 맛집 이야기도 없고 멋진 경치 이야기도 없는데, 웰빙 혹은 행복을 찾으라고 하니 앞뒤가 안 맞는 이야기인 것 같지만 그래도 뭔가 끌리는 것이 있다.

　클로닌져 교수는 우리는 행복해지고 싶다면 훈련과 노력이 필요하다는 이야기를 한다(역시 세상에는 공짜가 없다). 저절로 행복해지는 것은 아니라는 것이다. TCI 차원에서 이야기한다면, 성격 차원의 자율성, 연대감, 자기초월의 점수를 높여 인격적으로 성숙해진다면, 행복해질 수 있다는 것이다. 그리고 이를 위해서는 '어떻게 살아야 하는지'에 대해 클로닌저 교수는 훈련과 연습을 통해 **자신을 알아가는 과정**이 필요하다고 말한다. 소크라테스의 유명한 명언인 '너 자신을 알라(그리스어로 γν θι σεαυτ v, 그노티 세아우톤)'라는 말처럼 자신의 인성 특성을 자각하고, 그 한계에 도전하면서 행복을 향해 앞으로 나아가지 않겠냐는 것이다. 음… 여전히 어렵다면, 어떤 상황에서는 장점으로, 어떤 상황에서는 단점으로 작용하는 자신의 기질적 특성을 알고 그 한계를 넘어서도록 연습을 하다 보면 인격적으로 성숙한 성품을 가지게 되어 행복해질 수 있다는 말이다.

  예를 들면, 새로운 걸 좋아해서 수업 시간에 따분한 가만히 앉아있기보다는 뭔가 재밌고 신기한 걸 찾는 아이를 떠올려 보라. 분명 그 친구는 의자에 가만히 앉아있기보다는 교실 밖으로 무언가를 열심히 찾아다닐 것이다(즉 자극추구 기질이 높다는 뜻일 것이다). 이런 특성에 선생님의 핀잔이나 부모의 잔소리에도 끄떡없고 위험한 상황에도 '까짓거 인생 뭐 있어 한번 부딪혀 보는 거지 뭐'라는 강한 멘탈로 학창시절을 보냈다면(이건 위험회피 기질은 낮다는 의미이다), 게다가 친구까지 좋아해서 어렸을 때는 부모 말씀 좀 듣던 것 같았는데 사춘기가 되더니 불쑥 부모보다는 친구한테 올인해서 친구 따라 강남 가는 태도로 일관해서 살았다면(이건 사회적 민감성이 높다는 뜻이 된다), 여러분은 새로운 것만 찾아다니고, 뭔가 계속 일은 벌이는데 마무리는 안 되고, 이 사람 저 사람 좋아해서 어울리지만 딱히 실리는 추구하지 못하는 그런 사람이 떠오를 것이다(적다 보니 저자의 기질적 특성이 딱 여기에 해당된다).

그러면 이런 특성을 가진 모든 사람은 일은 마무리가 안 되고, 사람 관계에 중독되어 있으며, 귀는 얇아 돈은 팡팡 쓰는 그런 사람이 되는가? 그렇지 않다. 자신의 기질적 특성의 단점은 잘 조절하여 장점으로 승화시키고, 장점은 더욱 발휘할 수 있도록 성격을 발전시켜 나간다면, 우리는 자신이 갖는 기질의 한계에서 벗어날 수 있다. 즉 자신의 인생의 목표와 가치를 새롭게 함으로써, 인성을 변화시키면 타고난 특성에만 얽매여 살기보다는 좀 더 성숙하게, 행복하게, 웰빙의 삶을 살 수 있다는 이야기이다.

음… '그래 성공한 사람들 이야기가 다 그렇지.', '그건 그 사람이 잘나서 그런 거지 뭐~', '아 짜증나~ 나는 네가 아니다….', '음… 맛집과 경치 찾아다니는 것 말고 뭔가 있는 줄 하고 알고 지금까지 읽어왔는데…, 그놈의 맛집, 좋은 경치 찾기도 어려워 죽겠는데 뭔 노력을 더 하라는 말이냐?'는 생각이 드신다면, 그래도 '행복해진다고 하니', '지금까지 반이나 넘게 읽었는데, 애고 아깝다, 조금만 더 읽어보자.', 혹은 '음… 흥미로운걸. 구체적인 방법이 있나.'하는 생각이 드신다면 계속 다음을 읽어보시라(아니면 이 책에 있는 다른 좋은 글들도 있으니 과감하게 점핑하셔도 좋다).

행복해지기 위해 꼼꼼하게 노력하기: 웰빙코칭 프로그램

웰빙 혹은 행복하게 사는 방법을 클로닌져 교수는 '**웰빙코칭 프로그램**'을 통해 아주 구체적으로, 아주 친절하게, 그리고 개인의 성공담이 아닌 누구나 시도해 볼 수 있는 방법으로 이야기하고 있다. 웰빙코칭 프로그램은 아직 우리나라에 소개된 적이 없어 매우 생소한 개념이지만 웰빙이란 말만 듣고 잘 먹고 잘 살자는 우리나라식 웰빙을 떠올리면 큰 오산이다. 웰빙코칭 프로그램에서는 성격의 각 차원을 성숙시키기 위해 해야 하는 것들을 하나씩 하나씩 가르치고 연습하도록 하고 직접 경험하게 하면서 깨닫게 한다.

성격의 각 차원을 향상시키는 구체적인 방법을 찾기 위해 전제되어야 하는 것이 있다. 즉 성품을 향상시키기 위해서 우리는 일시적인 쾌락(pleasure)이 아닌 지속적인 **만족감**(satisfaction)을 주는 가치 있는 무엇을 찾아야 한다고 말한다. 즉 맛있는 음식 혹은 명품 옷과 가방 등을 소비할 때 오는 쾌락은 일시적이고 오래가지 못하며, 현재의 쾌락 상태에 오래 노출되다 보면 더 짜릿하고 높은 수준의 쾌락 상태를 찾기 위해 갈구하고 탐닉하게 되어 궁극적으로 중독상태를 유발하게 된다. 반면에 만족감은 쾌락과는 달리 외부에서 오는 것이 아닌 자신의 내부에서 오며, 쾌락에 비해 훨씬 지속적이며, 만족감을 주는 상태에 놓여있지 않더라고 쾌락처럼 중독상태를 유발하지 않는다. 그러한 내부에서 오는 만족감을 주는 가치를 클로닝져 교수는 '사랑, 희망, 믿음'이라고 제시한다(특정 종교가 아닌 서양의 공통적 가치관으로 받아들이시길 바란다).

사랑(love)이란 성격 차원의 연대감을 높이는 가치로, 우리는 사랑에 빠지면 자신과 타인이 연결되어 있으며, 내가 그 모든 것의 일부라는 것을 깨닫게 되어, 자신과 타인에 대한 깊은 이해와 공감 능력을 발전시켜 나갈 수 있게 된다. 즉 자신의 연속선상에서 타인을 이해하고 배려할 수 있게 된다는 뜻이다. 이러한 사랑을 생활 속에서 녹여내기 위해서 클로닝져 교수는 첫 단계로 이웃사랑을 실천에 옮길 것을 권유한다. 아주 작은 배려의 행동, 예를 들면 공익광고에 흔히 나오는 무거운 물건을 들어주고, 버스에서 내리는 벨을 눌러 준다거나, 지하철에서 자리를 양보받으면 고맙다고 이야기하기 등과 같은 남을 배려하고 도와주는 일을 실제로 하루에 몇 번씩 꾸준히 실천해 보라고 이야기한다.

두 번째로 **희망**(hope)이란 성격 차원의 자율성을 높이는 가치로, 우리는 저마다 세운 목표를 향해 열심히 달려가다 보면, 때로는 실패하고 좌절감을 맛보며 이런 일이 반복되다 보면 자포자기 상태에서 자신을 혹은 타인을 비난하게 된다. 그러나 희망이라는 가치를 목표로 둔 개인은 이때 자신이나 타인을 비난하지 않으면서 현실을 있는 그대로 받아들이면서, 오늘의 실패를 뒤로 하고 내일을 향해 나아갈 수 있다고 클로닌져 교수는 말한다. 즉 좌절감을 맛보는 어려운 일을 경험하게 되어도 물이 흘러가는 것을 지켜보는 것처럼 부정적으로 판단하지 않고, 새로운 태양이 내일 다시 떠오른다는 자세로 하루하루를 살아갈 것을 당부한다.

세 번째로 **믿음**(faith)이란 성격 차원의 자기초월을 높이는 가치로, 대개 우리는 남의 말이나 권력에 쉽게 귀를 기울여 믿고 따르지만, 진정한 믿음은 자신의 내부의 소리에 귀를 기울이는 것을 의미한다. 즉 내가 처해 있는 사회적 상황에서만 통용되는 외부에서 제시된 기준이 아니라 인간의 보편적이고 상식적인 양심의 소리에 귀를 기울이고 행동으로 옮기라는 의미이다. 이를 위해서 클로닌저 교수는 주변에 일어나고 일들을 들어보고 바라보고 느껴보고 체험하며 깨닫고 자각하라고 이야기한다.

즉 클로닌저 교수는 좋은 성격을 개발하기 위해서는 쾌락이 아닌 만족감을 느끼며 현재를 충실하게 살아갈 필요가 있는데, 이것이 진정한 웰빙이고 행복이라고 보았다. 또한 좋은 성격을 개발하기 위해서는 연대감, 자율성, 자기초월의 성격 차원을 발전시켜야 하며, 이를 위해서는 각각 사랑, 희망, 믿음의 가치를 일상생활에서 자각하고 실천하라고 이야기한다.

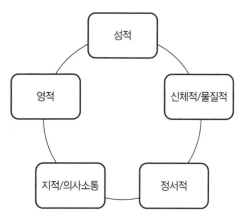

그림 1. 자기 점검의 5가지 영역

클로닌져 교수는 이러한 자각과 실천을 위 그림 1의 **5가지 영역**에서 점검해 보도록 권유한다. 즉 첫 번째 인 성적 영역(sexual plane), 두 번째인 신체적/물질적 영역 (corporeal), 세 번째인 정서적 영역(emotional plane), 네 번째인 지적/의사소통 영역(intellectual/communicative plane), 다섯 번째 인 영적 영역(spiritual plane)에서 살펴보도록 독려한다. 즉 클 로닌져 교수는 우리는 이 5가지 영역에서 우리 자신의 특 성을 자각해야 하며, 이 5가지 영역을 고루 깨닫고, 그 경 계를 넓혀 나감으로써 웰빙의 삶 혹은 행복한 삶을 살 수 있다고 이야기한다.

여기서 맛집과 경치를 찾아다니며 웰빙한다는 우리의 모습을 대입시켜 보면, 맛집과 경치는 말 그대로 내 미각 과 시각을 기쁘게 하는, 2번째 단계인 신체적 욕구와 쾌 락의 경계를 넓혀나가는 데 초점이 맞춰있다고 말할 수 있을 것이다. 물론 자기합리화와 해석(꿈보다 해몽이라는 말을 떠올 려 보시라)의 동물인 우리는, 위의 설명을 다 읽었기 때문에 잽싸게 다음처럼 대답할 수 있다. '나는 맛집에서 멋진 사 람과 좋은 감정을 나누면서(3단계) 맛있는 음식을 먹으며(2 단계) 서로 나누는 생산적인 대화를 통해(4단계) 나중에 힘든 순간에 부딪혔을 때 이 순간을 돌아보며 내일의 힘을 얻 는다(5단계)'고 말이다. 또한 좋은 경치 역시 마찬가지일 것이다. 이런 멋진 경치를 보면서 대자연 속에서 나란 존재의 미약함을 겸손하게 받아들이면서 그래도 순간순간 충실하게 살아가겠다고 다짐한다면 당신은 영적 영역까지 포함하여 네 가지 영역을 골고루 자각하면서 지극히 웰빙스러운 삶을 살아가고 있다고 말할 수 있을 것이다(1단계는 지극히 사적인 영역에서 이루어져야 적절하다고 할 수 있으므로 여기서는 자세히 다루지 않겠다).

그렇다면, 다섯 단계를 골고루 체험하고 자각하기 위해서 우리는 반드시 멋진 곳에 가서 맛있는 음식을 먹어야만 할까? 반드시 비행기를 타고 우리나라를 떠나 외국의 멋진 경치를 보면서 맛있는 음식을 먹어야만 하는 것은 아닐 것이다. 오히려 이런 경우에는 신체적/물질적 영역에만 치우쳐 진정한 웰빙에서 멀어지기 쉽다. 클로닌져 교수는 한두 가지 영역에만 머물거나 고착되는 것을 경계하고, 내가 사용하지 않는 영역으로 한계를 넓히기를 조용히 독촉한다. 물론 겉으로는 우리가 처한 사회적 지위에 따라 남들의 부러움을 유발한 그럴싸한 말들을 할 수 있다. 그렇지만 당신 마음 깊은 곳에서는 그 말을 스스로 얼마나 믿고 있는지 본인이 가장 잘 알고 있을 것이다. 따라서 자신이 즐겨 찾는 음식이나 경치를, 마음이 통하는 누군가와 즐겁게 누리면서, 서로에게 힘이 되는 대화를 나눈다면, 그리고 그 순간의 기억을 두고두고 기억하면서 삶이란 과정을 덤덤하게 나아갈 수 있는 힘을 얻는다면, 바로 이것이 진정한 웰빙일 것이다.

마무리하며:
행복해질 용기

행복하게 살기 위해서는 인격적으로 성숙한 삶을 살아야 하며 그렇게 살기 위해서 '희망, 사랑, 믿음'을 목표로 어떻게 살아야 하는지 매우 구체적인 방법을 제시하는 클로닌져 교수의 이야기는 급속히 변화하는 현대사회에서 아름다웠던 우리의 가치관이 소리 없이 사라지고 있는 지금 더욱 신선하게 다가온다. 동양도 아닌 서양의 백발의 학자가 우수저널에 자주 인용되는 인격적 성숙을 측정하는 검사 도구를 개발하고 이를 토대로 인격적 성숙을 증가시킬 수 있는 프로그램을 개발하여 일반 사람들이 사용할 수 있도록 만든 것은 왠지 동양인들의 몫이어야 할 것 같아 역설적이기까지 하다.

이런 놀라움을 뒤로 한 채 이 글을 마무리하는 지금, 여러분은 선택의 기로에 섰다. 꼼꼼한 노력이 필요하지만 그 노력해 보기를 선택함으로써 지속적인 만족감을 느끼며 행복해질 것인지, 아니면 지금과 같은 일시적인 쾌락을 좇으며 지극히 피상적인 웰빙을 선택할 것인지 말이다. 물론 우리는 노력이란 것이 100% 항상 힘들고 수고스러움을 동반하지 않는 것을 안다. 무거운 수레바퀴를 움직이기 위해서는 처음엔 힘이 들지만, 일단 수레바퀴가 돌아가기 시작하면 수레바퀴는 조금의 힘만 주어지면, 계속 앞으로 나아간다.

꼼꼼하게 노력하기가 부담스러워 후자를 생각하고 있는 당신이라면 다행스럽게도 웰빙코칭 프로그램이 아직 우리나라에 소개되지 않은 까닭에, 진정한 행복을 위해 어떤 선택을 할지 좀 더 고민해 볼 수 있다. 반대로 꼼꼼하게 노력하기를 선택한 당신이라면 아쉽지만, 지금 당신이 할 수 있는 것은 우선 TCI를 실시하고, 자신의 TCI 결과를 해석받음으로써 내 기질 및 성격의 장단점을 파악하시길 바란다. 이후 쾌락이 아닌 만족감을 위해 5단계 영역을 고루 체험하고 자각하려면 무엇이 필요한지 생각하고 실천해 보시길 바란다. 이 과정 속에서 여러분은 자신에 대한 이해를 높이면서 가까운 미래에 웰빙코칭 프로그램이 우리나라에 소개될 때, 프로그램을 가장 잘 배울 수 있는 준비가 된 사람이 되어있을 것이다.

2장

—

너의 행복: 성격장애자들과 더불어 살아가기[2]

　　요즘 주변을 돌아보면 보통 사람의 기대 수준을 뛰어 넘는, 그것도 부정적인 방향으로 우리가 미처 생각해 보지 않았던 다양한 비상식적인 행동들을 하는 사람들을 종종 발견할 수 있다. 저자의 직장이 대학교인 점을 고려할 때 가르치는 학생들 중에서도, 직원 선생님들 중에도, 그리고 교수들 중에서도 가끔 이런 사람을 만난다. 사실 가끔보다는 더 자주 만날 때도 있어 깜짝 놀라기도 하지만 말이다. 대개 처음에는 좀 독특하고 재미있는 사람인 줄 알다가 시간이 지나면서 접수되는 수많은 민원성 뒷담화를 접하게 되면서 그 사람의 실체를 깨닫게 된다. 이때 심리학자는 독심술의 대가가 아니라고 스스로 위로를 하면서 수많은 민원을 불러일으킨 사람을 머릿속에 떠올리며 DSM-5(한국말로 번역하면 '정신질환 진단 및 통계 편람'이란 책으로, 모든 정신과적, 심리적 문제에 대한 진단명이 들어있는 1000페이지가 좀 안 되는 두꺼운 책으로 5번이나 개정된, 심리학이나 정신과에서는 매우 유명한 전공책이다)의 성격장애 진단 페이지를 뒤적이며 어떤 성격장애 유형인지 생각하게 된다. 이 글은 성격장애란 무엇이며 성격장애를 가진 사람들과 더불어 어떻게 살아가야 하는지에 대한 이야기이다.

상식을 뛰어넘는 자: 성격장애

    성격장애(personality disorder) 혹은 인격장애란 용어는 일반 대중에게 매우 생소한 용어일 수 있다. 성격장애란 전문가들의 정의로는 '**그냥 독특한 성격 정도가 아니라 개인이 속한 사회문화적 기대에서 상당히 벗어난 채로 지속되는 개인의 내적 경험과 행동**'을 말한다. 개인이 속한 사회문화적 기대에서 벗어났다는 뜻은 일반 사람들이 대개 짐작할 수 없는 행동을 보이는 것을 의미하며, 이러한 행동이 한두 번 나타나는 것이 아니라 꾸준히 다른 사람에 의해 관찰되는 것을 의미한다. 즉 개성이 강하고 남들과 다르다고 해서 성격장애자가 되는 것이 아니라는 것이다.

    놀랍게도 여러분들은 이미 다양한 대중매체를 통해 이러한 성격장애를 가지고 있을 것으로 강력하게 여겨지는 수많은 사람들을 보았을 것이다. 다만 이들에게 성격장애란 진단명을 붙일 수 있다는 것을 아직 깨닫지 못할 뿐이다. TV 프로그램 중에 SBS 방송의 〈순간포착 세상에 이런 일이〉 또는 KBS2 방송의 〈대국민 토크쇼 안녕하세요〉 등에 자주 등장하는 사람들 중 일부가 성격장애자로 볼 수 있다. 프로그램을 보다 보면 주변 사람들을 그 사람 때문에 괴로워 죽겠는데 당사자인 본인은 전혀 불편감을 느끼지 못하거나 혹은 주변 사람들이 잘못 생각하는 것이고 자신의 기준만이 옳다고 보는 그런 사람들을 보게 된다. 그래도 잘 모르겠다면 아침에 방송되는 막장 드라마에서 악녀 혹은 악남인 여자 혹은 남자 주인공을 떠올려 보시라. 그런 사람들이 100%는 아니지만 성격장애를 가진 사람인 경우가 왕왕 있다.

성격장애에 대한 더 깊은 이야기를 하기 전에 위의 설명만으로 성격장애자가 아닐까 떠올리는 사람들 중 성격장애와 상관없는 사람들에 대해서 잠깐 이야기하고 넘어가자. 아마 영화나 드라마 속에 등장하는 다중인격자(한 사람 안에 여러 개의 인격이 있어서 서로 다른 이름과 직업 혹은 나이 혹은 성별까지 다른 경우도 있다)를 제일 먼저 떠올릴 수 있을 것 같다. 이 사람들은 성격장애자는 아니다. 물론 DSM-5에서 해리성 정체감 장애(dissociative identity disorder)란 이름으로 불리우는, 여러 인격이 한 사람의 심신을 지배하지만 이런 사람들은 성격장애자는 아니다.

그렇다면 동성을 좋아하는 사람은? 이들도 성격장애자들이 아니다. 성적 선호도(sexual preference: 인구중 많은 사람들이 이성 애자이지만 동성애자도 있으며 양성애자 혹은 무성애자도 있다. 호주의 한 연구자는 성적 선호도에 따라 무려 33가지의 성적 유형으로 구분할 수 있다고 발표하였다. 사람들의 성적 선호도는 우리가 생각한 것보다 훨씬 다양하게 존재한다)가 다수의 사람들과 다를 뿐, DSM-5에서는 이들을 이상심리 혹은 정신병리를 가진 사람이 아니라고 진즉에 정리하였다. 즉 동성애자=정신에 문제가 있는 사람이 아니라는 의미이다. 물론 동성애자이면서 심각한 우울증을 경험하는 사람도 있다. 그렇지만 이성애자이면서 동시에 심각한 우울증을 경험하는 사람도 있다는 것을 잊지 마시라. 저자가 대학교에서 만났던 동성애자들의 경우 2개 국어 이상을 자유롭게 구사하며 다른 사람을 진심으로 배려하는 무척 인텔리전트하고 마음이 따뜻한 사람이었다(물론 이성애자 중에서도 2개 국어 이상을 자유롭게 구사하며 상대방으로 진심으로 배려하는 인텔리전트하고 마음이 따뜻한 사람도 역시 있다). 따라서 다수에게 해당하는 성적 취향 혹은 나의 성적 취향과 다르다는 지극히 주관적인 불편감 때문에 사회적 소수인 동성애자들에 대해 가지는 낙인 효과를 지양해야 할 것이다. 그럼에도 불구하고 아마 일부 독자는 슬금슬금 이런 질문이 떠오를 수 있다. 동성애자는 변태성욕자가 아닌가? 이 질문에 대한 대답도 '아니다'이다. 이성애자 중에 변태성욕자가 있듯이 동성애자

중에서도 일부 변태성욕자가 있겠지만, 이성애자=정상, 동성애자=변태는 완전 틀린 생각이다!

그러면 도대체 성격장애자란 무엇이지? 성격장애를 판단하는 여러 기준을 떠올릴 수 있는데 가장 피부에 와 닿는 기준은 이 글의 맨 첫 문장에서 언급한 비상식적이라는 단어일 것이며, 동시에 성격장애를 이해할 수 있는 가장 무난한 말일 것이다. 상식이란 네이버 사전에 따르면 "사람들이 보통 알고 있거나 알아야 하는 지식으로, 일반적 견문과 함께 이해력, 판단력, 사리분별 따위가 포함된다."라고 한다. 즉 상식적인 기대에서 한참 벗어난 행동, 대인관계, 충동조절의 어려움, 사고패턴을 가지는 것으로, 상당히 융통성이 결여되어 있는 특징을 가진다. 내담자로서(저자의 현 직업은 교수이지만 그전에는 상담 및 심리치료와 심리평가를 했던 임상심리학자였다) 혹은 동료나 학생으로서 만났던 사람들이 가지는 공통점을 설명하면, 성격장애자들은 **자기만의 독특한 사고방식을 가지고 사건이나 상황을 해석하는 능력으로 인해** 상식적으로 이해되지 않게 행동하며, 때로는 매우 충동적으로 행동하는 사람들로서 대인관계가 결코 원만하지 않다. 이는 그들의 능력이나 실력에 비해 인성 혹은 성품이 따라오지 못하는 경우를 의미한다고도 할 수 있다(물론 능력이나 실력도 인성에 비례하여 실망을 주는 경우도 있다).

"못된 시어머니한테 고생한 며느리, 역시 못된 시어머니 된다."라는 말을 떠올려 보시라. 자신이 시어머니가 되었을 때 자신이 당한 것을 무조건 며느리에게 분풀이하는 사람도 있을 수 있겠지만, 못된 시어머니에게 당하면서 나라면 이런 상황에서 못되게 안 한다고 생각한 사람도 있지 않을까. 그런데 이들 역시도 시어머니가 집안 청소를 세 시간 시켰다면, '나는 내 며느리에게 한 시간만 시켜야지'라고 생각하는 데서 문제가 시작된다. 왜냐하면 세월이 바뀔지라도 며느리에게 집안 청소를 시키지 않는 어떤 시어머니도 생각할 수 없기 때문이다. 불행하지만 말이다.

성격이란 주변의 다양한 상황이나 사건과 같은 외부 자극에 대해 개인이 일관적으로 보이는 행동 패턴을 의미한다. 우리는 대개 부모나 자녀 혹은 지인의 행동 패턴을 알고 있으며 때로는 예측할 수도 있다. 왜냐하면 당사자인 개인은 어떤 문제를 해결해야 할 때 혹은 결정을 내려야 할 때 상당한 고민에 빠져 있지만 그 과정들을 익히 지켜본 우리는 그 사람이 어떤 결론을 내릴지 알고 있다. 즉 우리는 성장하면서 경험하는 다양한 상황과 사건에 부딪히면서 자신만의 비교적 일관적인 문제해결 방법들을 터득하고, 이 기준 안에서 나름 융통성과 유연성을 장착하게 된다. 그런데 성격장애인 사람들은 우리의 이러한 기대와 예측을 번번이 빗나간다. 도시 당최 그 사람의 머릿속에는 무슨 생각이 들어있는지 알 수 없고 때로는 창의적(물론 창의적이란 말에는 사회에 도움이 된다는 의미가 포함되어 있기 때문에 이 글을 읽고 있는 스마트한 독자들은 반어적인 표현임을 이미 눈치채셨으리라)이라고 할 만큼 아무도 미처 생각하지 못했던 방식으로 그 상황을 최악의 상황으로 이끌고 간다. 역설적인 의미에서 마이다스의 손(대개 마이다스의 손은 아주 뛰어난 감을 가지고 자기 분야에서 일가를 이루는 사람을 일컫는데, 여기에서는 비꼬는 의미로 쓰여졌다고 생각하시면 된다) 그 자체이다.

우리 주변을 돌아보면 이런 성격장애자 한 명쯤은 다 알고 있지 않은가? 저자의 경험 속에서도 떠오르는 사람이 몇 명 있는데 학생들 간의 생길 수 있는 사소한 분쟁을 자신만의 독특한 해석 능력을 발휘하여 피해자를 가해자로 바꾸고, 중징계로 대응해야 한다고 학교를 소란 속으로 몰아넣었던 예전의 동료가 생각난다. 그 동료에게도 주변 사람들이 붙여준 별명이 마이다스의 손이었다.

성격장애의 다양한 유형들

이러한 성격장애는 대개 청소년기 혹은 성인 초기부터 발달하기 시작하여 평생을 두고 안정적으로 유지되는 특성을 갖는다. 일반적으로 성격은 청소년 시기는 예측 불가능하며 미성숙한 면모가 있지만, 대개 성인이 되면 비교적 예측 가능하며 성숙할 것으로 기대된다. 그런데 성격장애를 가진 사람들은 사회문화적 통념에서 기대하는 상식에서 벗어난 사람들로 성숙의 개념이 장착되지 못하였다고 말할 수 있겠다. 이런 맥락에서 볼 때, 성격장애를 인격장애라고 부를 수 있게 된다.

DSM-5(위에서 언급한 심리장애 및 정신장애 진단명과 특징을 설명한 책)에 따르면 성격장애는 크게 3가지 유형으로 구별된다. 영어권 국가에서 만들어졌기 때문에 A, B, C군 성격장애라고 한다(만약 우리나라에서 만들어졌다면 가, 나, 다 군 성격장애라고 불리울 것이다). A군 성격장애는 기이함과 혼자 있기를 좋아하는 특성을 가졌다고 할 수 있다. 기이한 생각 때문에 상황에 대한 판단이나 상황에 적절한 행동이나 감정이 뒤따르지 않거나 전혀 맥락에 맞지 않는 기이한 행동이나 감정을 보일 수 있다. 두 번째인 B군 성격장애는 정서적이고 극적인 특성을 가졌다고 할 수 있다. 피상적인 상황에서는 매력적이고 심지어 재미있는 사람으로 보일 수 있지만, 관계가 친밀해지거나 깊어질수록 공감능력이 부족하고 지인인 주변 사람들은 자신이 속고 있거나 이용당하고 있음을 깨닫게 된다. 세 번째인 C군 성격장애는 자신에 대한 끊임없는 불안과 두려움을 가지고 있다. 이들은 자신의 능력에 대한 불신으로 인해 타인에게 의존하거나 자신의 이런 모습을 들키기 싫어하며 때로는 대인관계를 피하기도 한다.

독자인 여러분 중에 일부 성격장애자가 있겠지만, 대부분은 성격장애자들로 인해 피곤하고 퍽퍽한 삶을 살고 있으리라 생각된다. 이런 성격장애자들과 힘든 시간을 가졌던 여러분을 위로하고 그렇지만 개인적인 성장을 이룰 수도 있음을 강조하기 위해 각 성격장애에 대한 설명은 후자의 독자에 좀 더 초점을 맞추도록 하겠다.

A군 성격장애:
기이하거나 고립된 사람들

조현성(schizoid), 조현형(schizotypal), 편집성(paranoid) 성격장애 3가지로 구분되는 A군 성격장애자는 대부분 희로애락의 감정을 잘 보이지 않으며, 자신만의 생각 속에 살기 때문에 혼자 있는 것을 좋아하는 것처럼 보인다. 따라서 일반 사람들 속에서 쉽게 눈에 띄지는 않는다(조현성 성격장애자가 대부분 여기에 속한다). 그렇지만 일부 A군 성격장애자는 자신만의 생각을 겉으로 표현하기도 하는데 상황에 매우 부적절하게 나타나기 때문에, 우리는 쉽게 이상한 사람으로 취급하기도 한다(조현형 성격장애자가 여기에 속한다고 할 수 있다). 이해를 돕기 위해 극단적인 예를 들면, 장례식장에 가서 춤추고 웃고 떠들거나, 결혼식장에 가서 슬프게 울며 곡을 하는 사람을 떠올려 볼 수 있겠다. 이들의 생각의 흐름을 쫓아가면 어느 정도 그들의 행동을 이해할 수 있으나 첫인상만으로 이해하려고 한다면 대개 우리의 상식을 훌쩍 넘어선다.

A군 성격장애중 편집성 성격장애자는 겉으로는 잘 드러나지 않고 일반 사람들 속에서 잘 숨어 있어서(숨어 있다는 표현처럼 잘 섞여 있다는 뜻이다) 알 수가 없다. 이들은 타인이 나에게 해를 가할 것이라는 독특한 사고체계를 가지고 있다. 예를 들면 자신이 운전하다가 사고가 난 경우에도 그 타인이 나의 교통사고를 계획했다고 생각할 수 있다. 즉 타인의 의도를 끊임없이 의심하고 그 결과 사람을 믿지 못하며 일상의 사소한 문제들을 법적으로 해결하려고 한다. 이런 편집성 성격장애를 가진 사람이 주변에 있다면… 먼저 독자인 당신에게 애도의 뜻을 표하며 그 사람과 적절한 거리를 둘 것을 조언한다. 다음에 이어질 B군 성격장애도 역시 마찬가지지만 말이다(위에서 언급했던 조현성 및 조현형 성격장애자들은 대부분 그들이 먼저 여러분을 피하거나 주변 사람들이 알아서 충분한 거리를 두게 되기 때문에 더 자세한 설명은 생략하겠다). 자, 성격장애자와 일단 충분한 거리 두기, 이것이 핵심이다!

B군 성격장애: 정서적이거나 극적인 사람들

B군 성격장애는 정서적이고 극적인 특성을 가졌다고 할 수 있다. B군 성격장애 역시 A군 성격장애처럼 다양한 세부 성격장애로 구분된다. 연극성(histrionic), 자기애성(narcissistic), 반사회성(antisocial), 경계성(borderline), 성격장애이다. B군 성격장애는 A군 성격장애보다 우리 주변에서 훨씬 자주 목격된다. 위에서 마이다스의 손을 이해하기 위해 예로 들었던 저자의 옛 동료 역시 여기에 속한다.

B군 성격장애 중에서 상대적으로 정도가 약한 연극성 성격장애는 주변 사람들의 관심과 인정을 받기 위해 과장되게 표현하고 행동하는 사람을 의미한다. 이들은 썰렁한 농담도 정말 실감 나게 살려내고, 가라앉은 분위기도 띄우는 분위기 메이커가 될 때도 있지만 성격장애자의 특성을 백분 발휘하게 되는 경우, 타인의 인정과 관심을 받기 위해 거짓말도 불사하게 된다. 즉 이름처럼 타인

의 애정과 관심을 받기 위해 자신이 아닌 다른 사람을 연기하는 것처럼 보인다.

연극성 성격장애자와 얽혀도 우리의 인생은 피곤해지지만, 이러한 다양한 유형 중 일상생활에서 가장 많이 접하고 우리를 괴롭히는⑺ 자기애성 성격장애에 대해 좀 더 자세하게 살펴 보자. 자기애성 성격을 가진 사람들은 자신의 중요성에 대한 과장된 생각과 느낌을 가지고 있으며, 특권의식을 가진다. 또한 타인에 대한 공감이 절대적으로 결여되어 있고, 타인을 착취하거나 오만한 태도를 취한다. 이런 사람들은 친구(혹은 동료로 생각해도 좋을 것이다)들이 점심을 먹자고 하면 '나는 특별한 사람이니까 너희들이 점심을 사는 것이 당연한 거야.'라는 생각을 하며 다양한 이유를 들어가며 점심값을 내지 않는다. 물론 우리는 이러한 그들의 생각을 알 수는 없다. 그렇지만 그러한 행동이 결과로서 드러난다. 자기애성 사람들의 주변 친구들은(자기애성 성격장애자들의 무수리 혹은 시종으로 취급된다) 이러한 자기애성 성격장애자들의 수족처럼 움직이면서 감정 상하는 경험을 종종 하지만, 대개는 이러한 착취가 미묘한 형태로 일어나기 때문에 자신의 유용가치가 없어져 친구가 자기를 '뻥' 차고 다른 친구에게 갈 때까지 알아차리지 못하는 경우가 많다. 심지어는 졸업을 하면서 다른 학교 혹은 직장으로 옮기게 된 후 소원해진 친구와의 관계를 돌아볼 때 비로소 자신이 그 친구로부터 이용당했다는 생각을 하게 된다. 잘 지내던 친구 혹은 직장 동료와 거리가 멀어지고 왠지 내가 호구(진상은 호구가 만든다 라는 명언을 떠올려 보라)가 아니었을까 라는 느낌을 들 때, 자신과 그 친구와의 관계를 다시 한번 돌아볼 필요가 있다.

미드(미국 드라마) 혹은 영드(영국 드라마) 등을 통해 이미 익숙해진 반사회성 성격을 가진 사람들은 자신의 이익을 위해 타인에게 거짓말을 하거나 속이더라도 양심의 가책을 느끼지 않는다. 이들은 모든 사람들은 '이기적이고 자신만을 위해 생각하고 행동한다.'고 믿는다. 다만 사람들은 이렇게 행동하지 않는 것은 다른 사람들은 용기가 없을 뿐이라고 생각한다. 그러니 이들에게 다른 사람들은 자신의 성공과 성취를 위해 존재하는 도구에 불과하다. 주변 사람들에게 도움을 받아야 하는 상황에서 반사회성 성격장애를 가진 사람들은 미소나 친절한 태도로 주변 사람들의 호감을 사지만, 더 이상 이용 가치가 없다면 가면을 벗고 무자비하고 적대적인 태도를 취한다. 물론 반사회성 성격을 가진 사람들 모두가 살인을 저지르는 것은 아니니 안심하시라. 그러나 자기애성 성격장애자처럼 반사회성 성격장애자들도 공감 능력이 결손되어 있으며 자신의 이익을 위해 다른 사람을 이용하거나 속이는 것에 대해 죄책감을 갖지 않기 때문에 이들이 여러분의 주변에 있다면 상당한 피곤함과 더불어 두려움과 불안을 느낄 것이다.

그렇다면 자기애성 성격장애와 반사회성 성격장애자들을 어떻게 알아볼 수 있을까? 이러한 사람들의 머리에 뿔이 달렸거나 독특한 외현적 특징이 있어 이들을 미리 알고 충분한 거리를 둘 수 있다면 좋겠지만 불행하게도 그렇게 겉으로 드러나지는 않는다. 다만 그러한 사람들로 의심되는 사람들이 여러분의 주변에 있다면, 여러분이 그들에게 필요한, 중요한 자원을 가지고 있음을 가지고 있음을 의미한다. 대부분 호구로 전락할(?) 우리들이지만, (상대방이 요구하는 것에 버금가는) 한 개 주고 한 개 받는 기브 앤 테이크(give and take)를 잊지 마시라. 너무 삭막한 이야기일 수 있지만, 여러분들이라면 소수의 성격장애자 혹은 이러한 성향이 강한 사람들에게만 분별력 있게 이러한 기브 앤 테이크를 쓰실 거라 믿는다.

한편 생각만큼 흔하지는 않으나 그렇게 드물지 않게 종종 눈에 띄는 성격장애가 경계성 성격장애이다. 이들은 친밀하고 끈끈한 대인관계 흔히 연인관계(혹은 매우 친밀한 친구 관계)에서 가장 두드러진다. 연인 중 한 사람이 경계성 성격장애이면, 관계가 원만할 때는 자기의 연인에게 몸과 마음을 바쳐 충성을 다하는 양상을 띤다. 그러나 연인이 자신에게 조금만 냉담하거나 자신을 우선 순위로 두지 않는다는 생각이 들면 상황이 180도 바뀐다. 예를 들어보자. 경계성 성격장애인 여학생(혹은 남학생으로 바꾸어 생각해도 좋다)이 남자 친구의 수업 시간에도, 남학생의 학과 MT(MT는 학과 행사라 같은 과 학생이 아니면 따라가지 않는다)에도 따라가고 끊임없이 집착하면서 사랑하기 때문이라고 가정해 보자. 그러다가 남학생이 중요한 일이 있어 오늘 점심만 만나지 말자고 하면, 충격에 빠진 여자 친구는 남자 친구를 저주하는 수백 개의 저주 문자를 보내고, 남학생의 귀가 시간에 맞춰 남학생의 집 앞에 나타나 '네가 어떻게 감히 나에게~'라는 태도를 취하며 자해 행동을 보이기도 한다(대개는 진짜로 죽고 싶어 자해하기 보다는 상대방을 조종하려는 수단으로 취해진다. 그러나 어떤 자해는 원래 계획과는 상관없이 불행하게도 자살로 이어지는 경우도 있다). 남학생의 쫄깃해진 심장을 상상해 보는 것은 어렵지 않을 것이다.

이러한 경계성 성격장애는 주변 사람들에게 팽 당할지 모른다는 유기불안으로 인해 대인관계에 상당히 불안정하다. 자신에게 잘 해 주는 사람은 매우 이상적인 사람으로 지각하고 있다가 그 사람이 조금이라도 자신을 떠날

069

것 같다는 생각이 들면 그 상대방을 비난하고, 비판한다. 즉 위의 예처럼 매시간 붙어있던 남자 친구가 자신의 눈에는 사소한 일(그러나 상대방에게는 중요한 일이다) 때문에 자기 옆을 지키지 못하는 것을 자기를 버리고 떠난다는 극단적인 해석을 하게 된다. 그 결과 남자 친구에게 수백 개의 저주의 문자를 보내거나 자해 행동을 하는 등과 같은 극심한 정서적 혼돈 속에 빠져들게 되는 것이다.

　의외로 순정파가 많은 남학생들 중에 자신의 연인 혹은 절친이 이러한 경계성 성격장애자인 경우 사랑으로 참고 인내하며 상대방으로 변화시키려고 하는 경우를 적지 않게 보게 된다. 그런 당사자들에게 미안하지만, 그 연인 혹은 절친의 손을 꼬옥 잡고 전문상담기관으로 가시길 바란다. 전문가의 도움이 없다면(물론 그 경계성 성격장애자의 변화하려는 의지가 선행되어야 한다) 이러한 문제는 사랑 혹은 우정의 힘만으로는 절대, 절대 개선되지 않는다.

C군 성격장애:
불안하고 두려운 사람들

마지막으로 C군 성격장애는 자신에 대한 끊임없는 불안과 두려움을 주요한 특징으로 한다. C군 성격장애는 의존성(dependent), 회피성(avoidant), 강박성(obsessive-compulsive) 성격장애로 나눌 수 있다. 의존성 성격장애는 성인임에도 불구하고 자신은 아무것도 잘할 수 없다는 생각에 자신의 중요한 결정을 타인에게 맡기고 의존한다. 정도에 따라 다르겠지만 어떤 이들은 심지어 먹여주고 씻겨주는 것도 자신의 중요한 타인에게 의존한다. 다양한 대인관계에서 상대방이 자신을 믿고 의지하는 것처럼 보인다면, 처음에는 어깨도 으쓱하고 자신감이 충만한, 하늘을 나는 기분이 들 수도 있다. 그런데 거의 모든 상황에서 상대방이 자신의 결정만 바라보고 있다면, 몸은 성인이지만 마음은 아기 같은 사람과 장기적인 관계에 놓인다면, 생각만 해도 상당히 피곤할 노릇이다. 물론 이런 관계에 놓인 사람에게는 그 이상의 복잡한 감정과 생각이 들겠지만 말이다.

회피성 성격장애는 자신의 진정한 모습을 알면 아무도 나를 좋아하지 않을 거라고 생각하고, 자신에 대한 다른 사람들의 부정적인 평가에 매우 민감하기 때문에, 사람들과의 관계를 적극적으로 회피한다. 처음에는 수줍고 내성적인 사람이라고만 생각했는데 끊임없이 자신을 비하하고 어떤 상황에서도 아무것도 할 수 없다고 빼는 사람과 장기적인 관계에 놓인다면, 상대방은 상당한 무력감에 빠지게 될 것이다.

의존성 및 회피성 성격장애와는 다르게, 강박성 성격장애는 자신에 대한 불안감이나 두려움을 극복하기 위해 성취에 매달린다. 그러나 지나치게 꼼꼼하고 세부 사항에 집착하며 완벽주의를 추구하는 성향은 도리어 이들이 지향하는 성취에 오히려 장애물이 되기도 한다. 또한 이들의 완벽주의적 경향은 대인관계보다는 일을 선택하거나, 대인관계에서도 사소한 사항들에 매달려 결국 대인관계를 희생하게 된다. C군 성격장애자들은 A군이나 B군과 다르게, 주변 사람들 뿐만 아니라 성격장애자 본인들도 상당한 괴로움과 고통 속에 놓여 있다. 불치병은 아니지만 난치병에 속하는, 스스로 힘들어하는 상황에 놓여 있는 C군 성격장애자들을 알고 있다면, 역시 전문가의 도움을 받기를 이들에게 강력하게 추천하길 바란다.

마무리하며:
성격장애자들과 더불어 살아가기

이러한 성격장애들은 대부분 유전적으로 타고나는 것은 아니다. 대개 양육으로 시작되는, 자라온 환경에 의해 후천적으로 결정된다. 어린 시절의 경험들을 통해 형성되는 독특한 신념 체계들은 이들 자신에게만 적용되는 상식, 그러나 우리에게는 비상식적인 믿음을 만들어 낸다. 어렸을 때 신체적으로, 심리적으로, 혹은 성적으로 학대당한 사람들은 그렇지 않은 사람들과 비교할 때 생존을 위한 독특한 해석 방식을 가지고 그러한 경험들을 통합한다. 즉 비상식적이고 매우 특수한 상황에서 살아남기 위해 만들어 낸, 당시에는 적응적인 사고방식이 상식적이고 일반적인 상황에서는 매우 부적응적인 특성을 띠게 되는 것이다.

이러한 성격장애 특성을 가진, 즉 성격장애자 뿐만 아니라 성격장애까지는 아니나 그 경향이 높은 사람은 보통 열 명 중에 한 명이라고 알려져 있는데, 최근 연구에 는 5명 중에 1명 꼴로 성격장애 특성을 가진다는 다소 충 격적인 보고가 발표되기도 하였다. 즉 내가 성격장애자 가 아니라면 내 주변의 친구 중 한 명이 성격장애일 확률 이 높을 것이다. 이러한 성격장애자는 본인도 힘들지만(주 변 사람이 자신들의 뜻대로 움직여주지 않으니 얼마나 힘들겠는가), 이 성격장애 의 가까운 가족 혹은 지인(친구, 연인, 동료 등)들의 불편감은 위 에 예시에서 짐작할 수 있겠지만, 주변 사람들의 상상을 초월한다. 우리 주변에 '또라이'라고 불리우는 사람들 중 에 많은 이들이 성격장애자에 속한다.

우리는 이러한 성격장애자 혹은 '또라이'에 어떻게 대 처해야 하는가? 그럴 때 발휘할 수 있는 것이 충분한 거 리두기와 더불어 뒷담화의 공론화이다. 거리두기는 앞글 에서 충분히 설명하였기에 여기에서는 후자에 강조를 두 어 설명하고자 한다. 주변의 성격장애자 혹은 '또라이'로 인해 나뿐만 아니라 여러 사람들이 괴로워한다면? 바로 이럴 때 뒷담화(뒷담화라고 쓰고 '뒤따마'라고 읽는다)의 공론화가 필 요할 때이다. 우리나라 문화에서는 다른 사람에 대한 험 담이나 안 좋은 이야기를 타인 앞에서 잘하지 않는 편이 다. 대신 뒷담화라는 이름으로 가까운 지인들에게만 하 는 경향이 있다. 공론화란 그 성격장애자에 대한 이야기를 숨기지 않고, 그 성격장애자 때문에 힘든 점을 주변 사람들에게 이야기하는 것을 의미한다. 공론화를 통해 나와 성격장애자 간의 개인 문제로 치부되지 않을뿐더러, 선의의 피해자 혹은 잠재적 피해자를 예방할 수도 있게 된다. 게다가 운이 좋다면 이러한 성격장애들을 슬기롭게 대처하는 꿀팁도 얻을 수 있기 때문이다.

그렇지만 이러한 대처법 외에도 우리는 좀 더 다른 각도에서 성격장애자를 바라보고 보다 대인배스러운 성숙한 대처를 선택할 수도 있다. 왜냐하면 여러 사람이 모여 사는 사회란 집단에서 다양성이란 마땅히 존재해야 하며 우리는 이러한 다양한 주변 상황의 변화에 잘 적응할 수 있도록 만들어졌기 때문이다. 즉 나와 똑같은 사람은 없으며, 서로의 차이를 받아들이고 융통성을 발휘하면서 적응하도록 선천적으로 설계되어 있다는 의미이다. 동양의 음양이 상반된 개념이라기보다는 서로를 보완하는 상보적인 개념이라고 이해한다면, 우리의 차이를 차별하고 반대하기보다는 수용하고 인정해야 한다는 뜻일 것이다. 물론 인정한다고 해서 무조건 참거나 양보하라는 뜻은 아니다. 다만 나와 다르다는 이유로 독특한 성격을 가졌다는 것만으로, 심지어 성격장애자라는 이유만으로 이들을 미워하거나 따돌려서는 안 된다는 의미이다.

게다가 이러한 성격장애자들은 무조건 나쁜 사람일까? 이 사람들의 과거를 들어보면, 이들에게는 상당한 동정심과 연민을, 그리고 이렇게 이들을 만든 사람들에 대한 상당한 분노감을 느끼게 된다. 그런데 좀 더 깊게 들어가 보면 이들을 이렇게 만든 사람들 역시 과거 경험의 피해자라는 결론에 도달하게 된다. 그럼 이런 악순환의 고리는 어디서 끊어야 할까? 여기서 인격적 성숙이라는 개념을 등장시킬 수 있다. 『논어(논어)』의 「술이(述而)」편 21장에 "삼인행(三人行)이면 필유아사언(必有我師焉)"이라는 말이 나온다(전문을 싣자면 다음과 같다: 자왈(子曰) 삼인행(三人行)이면 필유아사언(必有我師焉)이니 택기선자이종지(擇其善者而從之)요 기불선자이개지(其不善者而改之)니라). 즉 공자의 말씀처럼 세 사람이 함께 길을 가면 반드시 나의 스승 될 사람이 있으니, 그중 좋은 점은 골라서 따르고, 좋지 않은 것은 거울삼아 나를 고칠 수 있지 않을까.

성격장애들과 같이 살아가는 것은 절대 녹녹한 일은 아니다. 그러나 그들의 불우했던 과거 경험으로 인해 비상식적인 독특한 신념 체계를 갖게 되었고, 이러한 불우한 경험은 복불복의 경험으로 여러분 자신에게도 일어날 수 있었던 일이라 생각한다면, 우리는 좀 더 따뜻한 마음으로 이들을 바라보는 용기를 낼 수 있다. 또한 세상은 나름 공평하기 때문에, 시간은 좀 걸리지만 결국에는 이들의 본질을 주변에서 알게 된다. 이들이 드러나기 전까지 상당한 괴로움과 고통 속에서, 이들을 미워하면서 그 성격장애자를 닮아가는 길을 선택하기보다는, 충분한 거리 두기와 공론화를 통해, 주변 사람들에게 자신의 어려움을 털어놓고 서로 지지하며 똘똘 뭉쳐서 다른 선의의 피해자를 위로하거나 예방하면서 버텨 볼 것을 감히 권유해 드린다. 한때 유행했던 노래 가사처럼 우리는 아픈 만큼 성숙해질 수도 있기 때문이다.

자 이제 마지막 당부의 말씀을 드린다. 이 글은 성격장애자에게 시달렸던 그리고 앞으로 시달릴 독자들에게 초점을 맞추어 쓰여진 글이다. 그런데 이 글을 읽는 독자 중 일부는 성격장애에 해당되는 사람도 있을 것이다. 혹시 이 글을 읽으면서 혹여 자신에게 성격장애가 있다고 생각된다면, 조심스럽지만, 객관적이라 판단되는 지인들에게 확인 후, 가까운 전문상담기관으로 방문해 보시길 권유드린다. 성격장애는 유전되는 것은 아니지만 지금 당신이 겪는 고통을 사랑하는 지인과 가족, 나아가 후세대들도 경험하게 될 확률이 매우 높기 때문이다.

자 이제 진짜 마지막이다. 우스갯소리로 '모든 집단에

는 반드시 이상한 사람이 하나 이상 있는데, 어떤 집단에 그 이상한 사람이 없다면 바로 당신이 그 이상한 사람이다.'라는 말이 있다. 항상 자신의 생각과 행동을 주변과 비교하여 살펴보면서(상식에서 크게 벗어나지 않으면서) 자신을 점검하고 돌아보아야 할 것이다. 내가 아는 상식이라는 규칙이 농구장에서 적용되는 규칙이라면, 축구장에서 쓰면 안 된다는 것을 명심하자!

3장

우리의 행복:
대인관계의 내로남불[3]

일에서 만나는 대인관계의 어려움이든, 일반적인 대인관계에서 겪게 되는 어려움이든 우리를 가장 심란하게 하는 것은 대인관계에서 오는 어려움일 것이다. 일선 상담센터에 찾아오는 사람들의 대부분이 대인관계 어려움 때문에 찾아오며, 심지어 일 문제로 찾아오는 사람들도 그들의 고민을 자세히 들어보면 일 문제라기 보다는 대인관계 문제로 고민하고 있음을 깨닫게 된다. 과연 어떻게 해결해야 할까? 무엇보다도 우리는 이러한 대인관계의 갈등이나 이로 인해 화가 나는 상황에 직면하면 마법의 알약처럼 한번에 이 복잡한 상황을 해결해 줄 무언가를 기대한다. 심리학 전공자인 저자도 그런 방법이 없는 것을 알면서도 혹시나 하는 마음에 전공과 관련된 대중서적을 뒤적이다 보면 피식 웃음이 나온다. '전공자인 나도 이런데 비전공자인 일반인들은 대인 갈등이나 분통이 터지는 상황에서 오죽할까.'하는 생각이 절로 든다.

그렇다면 이러한 대인관계의 어려움의 원인이 무엇이고, 이러한 갈등 해소의 방법은 무엇이 있는지 등등 궁금한 질문들이 주마등처럼 떠오를 것이다. 우선 모든 학문의 기본이 분류에서 시작하듯이 갈등을 한번 정리해 보자. 이러한 대인관계 갈등은 갈등의 주체에 따라 그리고 갈등의 심각성에 따라 구분할 수 있다. 즉 갈등은 개인 대 개인 차원에서도 발생하지만, 개인 대 집단 또는 집단 대 집단 사이에서도 발생하며, 갈등의 심각성에 따라 상중하로 나눌 수도 있을 것이다. 이런 분류를 통해 우리는 마주한 갈등을 이해하고 해결하려고 노력한다. 갈등의 시작인 사소한 오해를 풀고 그동안 쌓였던 묵은 감정을 풀어내면 비 온 뒤에 땅이 더 굳어진다는 속담처럼 더 든든한 관계가 될 수도 있다.

그런데 모든 갈등이 다 해결 가능한 것은 아니다. 사소한 오해는 쉽게 풀릴 수 있지만, 노력을 기울이더라도 상당한 시간을 필요로 하는 상황들이 존재한다. 예를 들면, 여자와 남자의 성차별적 다툼이라든지, 기성세대와 젊은 세대의 세대 차이에서 오는 다툼이라든지 하는 것들이 여기에 해당할 것이다. 이러한 갈등의 경우 사회적 이슈를 다루는 단체의 구성원 중에서 '대화의 힘'을 믿는 개인 및 집단의 부단한 노력이 필요할 것이다. 지성인들의 집

합체인 대학교에서도 교수협의회 대 본부의 갈등이라는 유사한 일이 있는데, 그 갈등을 가만히 들여다 보면, **서로 혹은 한쪽이 상대방에 대한 오해를 가지게 되어 서로 믿지 못하게 되고, 상대방이 틀렸다고 생각되어 그 상대방을 바꾸기 위해 노력하고, 상대방을 변화시키려는 방법이 효과가 없다고 생각되면 극단적인 방법을 찾아 자기가 원하는 것을 이루려고 한다.** 이러한 상호작용을 통해 갈등이 해결되지 않는다면 결국 관계는 상당히 틀어지게 될 것이다. 그렇게 된다면 집단이든 개인이든 간에 갈등의 정도가 심각해지면서 이런 순서를 밟아나가지 않을까 싶다. 물론 갈등 자체를 직면하기 싫어서 갈등의 여지가 느껴지는 초기에 무조건 관계를 중단하는 사람도 있겠지만 말이다. 여하튼 여기에서 중요한 것은 모든 갈등을 지금 당장 다 해결할 수는 없다는 점이다.

모든 갈등을 다 해결할 수 있지는 않다는 말에 적잖이 실망하는 독자들이 있을 것이다. 그렇지만 우리는 **현실적인 수준에서, 그리고 내가 할 수 있는 정도에서** 무언가를 풀어나갈 수 있다. 우리는 전지전능한 신이 아닌 인간이라는 점을 잊으면 안 된다. 내가 할 수 있는 만큼만, 현실적인 수준에서 갈등 해결을 위해 노력할 수 있다는 말이다. 그리고 또 다른 바람은 이러한 갈등의 악순환 구조에 빠져들지 않도록 미리 예방하는 것도 중요하다는 것을 하나쯤 더 덧붙일 수 있겠다. 자 그러면 갈등이 생기기 전에 혹은 심각해지기 전에 갈등을 해결하고 예방할 수 있는 방법은 무엇일까?

첫 번째 단계:
인지행동적 접근

모든 갈등 상황에 모두 적용되는 만능의 방법은 없지만 요즘 상담이나 심리치료에서 유용하게 사용하는 방법인 인지행동적 접근을 사용해 볼 수 있겠다. 인지행동적 접근은 우리의 인지(cognition) 즉 생각(thought)이 감정과 행동 및 대인관계에 중요한 영향을 미치며, 이것들이 서로 밀접하게 연결되어 있다고 가정한다. 즉 인지에 초점을 맞추어 심리적인 문제를 이해하고 설명하며, 역기능적 자동적 사고 찾기, 인지적 오류 명명하기, 소크라테스식 질문법 등의 다양한 기법을 사용하여 인지의 변화를 촉진함으로써 개인의 문제를 해결하고 대인 갈등을 극복할 수 있는 방법이다.

인지행동적 접근을 쉬운 말로 풀어 쓰자면 '꿈보다 해몽'이라는 우리 속담을 떠올리면 된다. 예를 들어보자. 중요한 면접에 늦어 헐레벌떡 노심초사 뛰어가고 있는데,

누군가 뒤통수를 때린다면 십중팔구 대부분의 사람들은 "이게 뭐지? 아 참나~ 오늘 풀리는 일 정말 없다… 나를 무시한 너, 오늘 내 손에 죽자."라는 생각과 함께 주먹을 불끈 쥐고 눈에 힘을 준 채 뒤를 돌아볼 것이다. 그런데 뒤를 돌아보니 아니 이럴 수가~ 평소에 내가 좋아하는 연예인(독자가 여성이라면 공유, 원빈, 김수현 등을 떠올리시고, 독자가 남성이라면 김태리, 김태희, 전지현 등을 떠올리시라, 아니면 여러분이 좋아하는 그 어느 누구도 좋다)이 바로 내 뒤에 떡하니 서 있지 않는가? 바로 이 순간 여러분들은 주먹에 힘이 풀리고 눈에 하트가 나타나면서 얼얼한 뒤통수의 아픔이 사라져갈 것이다(그림 2 참조). 대신 기분 좋은 놀라움, 행복감, 환희 등의 감정을 느끼며, 서슴없이 '뭔가 물어보려고 인기척을 한다는 게 세게 손이 나갔구나. 뭐 이런 걸… 제가 뭐 도와드릴까요? … 사인 좀 해 주세요, 사랑해요' 등등의 생각을 하는, 좀전의 독한 결심과는 전혀 다른 생각을 하는 자신을 발견할 것이다(아마 좋아하는 연예인을 상상하는 것만으로도 얼굴에 미소가 퍼져가는 독자도 있을 것이다).

왜 이런 일이 생기는가? 좀 전에는 화가 머리끝까지 치솟았는데 몇 초 지나지 않아 헤벌레하고 웃고 있는 나는 이상한 사람인가? 물론 아니다. 꿈보다 해몽이라는 속담처럼, 상황 자체보다는 해석(=생각)의 중요성을 강조하는 것이다. 이런 상황을 이해하기 위해서는 몇 가지 전제가 필요하다. 그 첫 번째가 사람은 생각하는 존재라는 것이다. 우리는 자신이 경험하는 것에 언어를 매개로 의미를 부여하는 존재이다. 김춘수 님의 「꽃」이란 시처럼 우리는 지각하는 모든 것에 의미를 부여하며 그 의미에 따라 행동하는 존재인 것이다. 물론 의미를 부여하는 그 의식적인 순간을 매 순간 의식하기도 하지만 반복적으로 경험하게 되면 마치 습관이 되어 의식하지 못할 뿐 우리는 반복되는 유사한 외부의 자극을 일관되게 해석한 후 특정한 고정된 반응을 하는 습관의 동물이다. 두 번째로 우리는 상반되는 두 가지 감정을 동시에 느낄 수 없는 존재이다. 동시에 느낀다고 생각할 때도 사실은 아주 작은 시간 차이로 번갈아 가며 느끼는 것뿐이며, 더 우세한 지배적 감정을 주도적으로 느끼며 상반된 다른 감정은 점차 덜 느끼는 그런 존재이다.

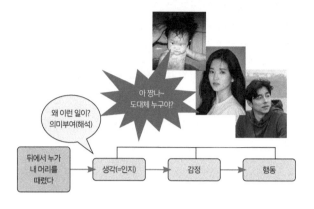

그림 2. 인지행동적 접근(생각-감정-행동의 관계)[4]

다시 말하면, 누가 내 머리를 뒤에서 때릴 때 대부분은 아픔과 함께 그 상황에 대한 생각(해석, 의미라고 바꾸어 써도 된다)을 부여하고 화가 난다는 감정과 동시에 0.1초 만에 특정한 행동(예: 뒤를 돌아보며 째려본다, 욕을 한다, 주먹을 날린다 등)을 결정하게 된다. 그렇지만 그 찰나에서도 수정된 생각을 하게 되면(예: 아니 이게 누구야, 내가 좋아하는 공유 아니야?) 재빨리 화가 나는 감정이 행복감으로 바뀌게 되면서 악수를 청하거나 사인받을 종이를 찾는 행동을 취하게 된다. 이때의 핵심이 생각이다.

물론 위의 예에서 뒤에서 누가 내 머리를 때렸을 때, '나는 그런 대접을 받아도 마땅해… 아무도 나를 사랑하지 않아.' 등의 부정적인 생각을 가진 사람도 있을 것이다. 생각과 감정은 동전의 앞뒷면과 같아서 부정적인 생각과 부정적인 감정 혹은 긍정적인 생각과 긍정적인 감정은 대개 같이 다닌다. 그런데 대부분의 사람들은 이런 부정적인 생각보다는 핑크빛 안경을 쓰고 세상을 바라보듯이 대개 긍정적이고 희망찬 생각과 감정을 가진다. 따라서 다음에 제시되는 설명도 후자의 사람들을 대상으로 한 설명이다. 혹 독자 중에 전자의 부정적인 해석과 여기에 따르는 부정적인 감정을 평소에 가지고 있다면, 그리고 이러한 상태로 인해 괴롭고 자신이 해야 할 일을 잘하지 못한다면, 그리고 꽤 오랜 시간을 이런 상태로 지내고 있다면… "많이 힘드셨지요."라는 위로와 함께 힘든 선택이겠지만, 주변의 가까운 상담센터를 찾아가시길 강력하게 권유해 드린다.

자~ 다시 본론으로 돌아가 보자. 대인 관계에 대해 이야기하고 있다가 '왜 생각으로 주제가 흘러가고 있는가? 이게 왜 중요하지?'라고 생각한다면 위에서 언급하였던 갈등의 시작이 서로 상대방에 대한 오해, 즉 '그릇되게 해석하거나 뜻을 잘못 앎[6]'이란 생각에서 시작한다는 것을 떠올리시면 된다. 자기중심적이고 자기합리화의 대가인 우리는 **내로남불**(내가 하면 로맨스, 남이 하면 불륜)의 태도를 가진다. 서로 잘 모르기 때문에 탐색적인 단계에서 조신하였던 초반을 지나 익숙해지고 편안해지는 중반 즈음 어딘가에서 우리는 상대방에 대한 나만의 독특한 생각을 쌓아가게 된다. 상대방에 대한 생각/해석이 상대방에 대한 무한 신뢰로 나아갈 수도 있지만, 대개는 상대방을 장단점을 파악해 가면서 상대방이 이런 사람이라는 판단(판단 역시 생각이다)을 내리게 된다. 그런데 이런 판단의 과정에 상당한 시간과 노력을 투자하기도 하지만 대부분은 **인지적 구두쇠**(cognitive miser)의 입장을 취한다. 인지적 구두쇠란 사람들이 대개 심리적 에너지를 아끼며 인지적 부담을 줄이려 노력하는 존재로, 간단한 단서에 의해 상대방을 쉽게 판단하려는 기본적 경향이 있음을 뜻한다. 즉 우리는 내가 직접 경험하고 느낀 것으로 상대방으로 평가하고 판단하기보다는 남에게 들은 소문이나 평가를 그대로 받아들여 상대방을 판단한다는 것이다. 얼마나 시간과 노력을 아낄 수 있는 효율적인 방법 아닌가? 우리는 대개 이런 방법을 통해 상대방에 대한 생각들을 의식적으로 혹은 무의식적으로 쌓아나간다. 그러면서 갈등 상황이 생기면, 특히 이해관계가 얽히는 갈등 상황이 생기면, 평소에 기억하지 못하고 있던 상대방에 대한 평가(예를 들면, 이기적이다, 구두쇠다, 남을 배려하지 않는다, 거짓말을 잘한다 등등)에 귀를 기울이게 되고 조금씩 대인관계에서 균열이 생기게 된다.

대인관계의 갈등은 이러한 생각과 생각에 수반되는 감정들과 행동들이 끊임없이 서로 영향을 주고받으면서 커져 간다. 그림 2에서 설명하였듯이 뒤통수를 맞았던 화가 나는 감정은 공유나 김태리를 보면서, 당연히 화가 났던 상황임에도 불구하고 다른 해석을 통해 정반대의 감정을 느끼고, 이러한 감정과 생각이 일치하는 쪽으로(우리는 그 상대방의 생각과 감정을 정확하게 알 수가 없다. 심리학에서 독심술을 가르치는 것이 아니니 우리는 보이지 않는 상대방의 생각이나 감정을 행동을 통해 추론할 뿐 정확하게 아는 사람은 아무도 없다) 상황에 따라 미화시키면서 내로남불의 태도를 취하게 된다.

그런데 이번에는 공유나 김태리 사진 위의 또 다른 사진을 보자. "이게 뭐지? 아 참나~ 오늘 풀리는 일 정말 없다… 나를 무시한 너, 오늘 내 손에 죽자."라는 생각과 함께 주먹을 불끈 쥐고 눈에 힘을 준 채 뒤를 돌아보았는데, 아니 키 180cm에 몸무게 180kg은 되어 보이는 맹금류 문신을 한 사람이 뒤에 서 있다면, 십중팔구 우리는 "아이고 죄송합니다."라고 90도 각도로 인사를 한 뒤 재빨리 줄행랑을 칠 것이다. 우리가 잘못한 것은 하나도 없는데도 말이다. 즉 우리는 매 순간 상황에 대한 재빠른 해석을 통해 자신에게 이득이 되는 상황에서는 의식적이든 무의식적이든 긍정적인 해석을, 그렇지 않은 상황에서는 부정적인 해석을 쌓아가며 대인관계를 만들어 나간다.

　그렇다면 갈등을 예방하기 위해서 우리는 무엇을 해야 하는가? **첫 번째는 내가 인지한 대인관계의 갈등과 어려움에서 그 상황을 객관적으로 바라보기이고, 두 번째는 그때 내가 무슨 생각을 하는지 알아차리기이다.** 예전에 저자가 일했던 상담센터에서 만났던 한 중학생이 떠오른다. 친구 얼굴에 주먹을 날려 징계 차원에서 상담을 받아야 하는 상황이었는데, 이 남학생은 "선생님, 걔가 절 째려보는데 참을 수가 없어서 한방 날렸어요."라며 씩씩거리며 이야기를 이어나갔다. 상담[6]이 진행되면서 그림 2에서 설명한 인지행동적 접근을 통해 이 중학생을 이해하고자 했는데, 그 남학생은 독특한 사고체계를 가지고 있었다. 즉 남한테 무시당한다는 생각이 들면 매우 감정적으로 취약해져서 화가 나고 이를 주체할 수 없이 자동적으로[7] 주먹을 날리게 되는 것이었다. 상담에서는 "째려보는 건 무시하는게 아니야."라고 무조건 상대방 생각을 고치거나 긍정적으로 생각하라고 가르치지 않는다. 혹은 무시당했을 때는 이렇게 행동하라는 테크닉만을 가르치지도 않는다. 상담에서는 무시당했다는 생각과 그 생각에 따라오는 감정을 오히려 공감하고 인정해 주면서, 왜 이런 생각을 하게 되었는지 찾아본다. 상담의 전환점은 바로 무시한다고 째려보는 그 눈이 도대체 어떤 눈인지 상황을 객관적으로 바라보는 작업에서 시작되었다. 즉 친구의 눈이 정말 자신을 째려보는 눈인지, 째려보는 모든 눈에 무시당했다고 생각하는지, 째려보는 눈을 마주하면 항상 주먹을 날리는지 등을 탐색해 가면서 시작되었다. 그러다가 그 남학생은 친구의 째려보는 그 눈이 술을 먹고 들어오면 자신을 때리는 바로 아버지의 눈을 떠올리기 때문이라는 자신의 생각을 깨닫게 되었다. 그 사실을 깨닫는 순간부터 남학생의 상담은 속도가 붙어서 자기를 쳐다보는 친구의 째려보는 눈(사실 째려보는 눈도 아니었다. 친구는 평소와 같이 자신을 쳐다본 것인데, 아버지에게 맞은 다음 날 그 남학생은 친구의 눈이 자신을 째려보는 것처럼 보이고, 자신을 무시한다는 그릇된 해석을 하게 된 것이다)은 자신을 때리는 아버지에 대한 분노에서 시작한 것이고, 아버지에 대한 분노를 아버지에게 터트리지는 못하고 자기보다 키도 작고 힘도 약한 친구에게 주먹을 날린 것이었다.

다시 정리하자면 친구의 째려보는 시선 때문에 무시당했다고 해석이 들어 화가 나서 주먹을 날리는 행동의 뒤에는 아버지의 폭력에 대한 분노가 자리 잡고 있었고 그 분노를 아버지가 아닌 자기보다 약한 친구한테 분출함으로써 남학생의 입장에서는 이해관계가 덜 얽혀있는 친구를 통해 해소하고자 하였던 것이다. 즉 대인관계의 갈등 상황을 객관적으로 바라보기와 그때 내 생각이 무엇인지 알아차리는 것이 대인관계의 갈등을 예방하거나 악화시키지 않는 첫 번째 방법일 것이다. 음… 쉽지 않다고? 그렇기 때문에 심리상담사/심리치료사 혹은 심리평가를 업으로 하는 사람들이 밥을 먹고 살고 있는 것 아닐까? 여하튼 대인관계 해결의 첫 번째 단계는 갈등 상황에서 '내 생각(인지)을 들여다보기'이다.

두 번째 단계:
마음챙김적 접근

　그런데 내 생각을 들여다보는 것이 쉽지 않다. 위에서 언급한 인지적 구두쇠라는 전략을 사용하는 것처럼 우리는 무한 경쟁이라는 사회적 분위기 속에서 항상 무언가에 쫓기듯 바쁘게 생활한다. 그렇기 때문에 차분하게 내 생각이 무엇인지 들여다 보기는 쉽지 않다. 시간을 내기도 어렵고 그나마 시간이 생겨도 지친 와중에 내 마음을 들여다 볼 마음의 여유를 좀처럼 가지기 어렵다. 그런데 대부분 관계의 어려움은 아주 작은 일부터 시작되는데, 대부분의 우리는 갈등이 한참 진행이 되고 나서야 언제부터 그런 일이 생겼는지 돌이켜 보면서 비로소 그때의 그 작은 일부터 시작되었다는 것을 종종 깨닫게 된다. 그렇다면 그 작은 일에서 내가 어떤 생각을 하였는지 들여다보아야 하는데, 이렇게 바쁘게 사는 삶 속에서 과연 신경을 써서 주의를 기울일 수 있을까 하는 의문이 든다. 즉 내로남불적인 데다가 인지적 구두쇠인 대부분의 사람들은 지쳐 있고 피곤한 데다가 해야 할 일이 산더미처럼 많은 와중에서 이런 작은 일까지(정확히는 그 작은 일에 부여한 의미와 감정과 행동까지) 주의를 기울여 생각해 보기란 절대 쉽지 않다. 아마 이 글을 읽는 독자 여러분도 마찬가지일 것이다. 그렇지만 이런 상황들이 반복되면서 관계의 불편함을 종종 느끼게 된다면, 그리고 그 사람과의 관계를 개선하길 원한다면 그때 여러분에게 소개하고자 하는 것이 바로 '마음챙김에 근거한 명상' 또는 '마음챙김적 접근'이다.

'고요히 눈을 감고 깊이 생각한다.'는 의미의 **명상**(瞑想)[8]이라는 단어를 부정적 이미지가 같이 떠오르는 분들도 계실 수 있다. 더욱이 황홀경에 빠지는 명상(名相: 망상을 일으키고 미혹하게 하는, 들리고 보이는 모든 것)[9], 부자가 되는 명상과 같은 문구들을 대중매체를 통해 접해 왔다면 더욱 이런 생각이 굳어질 수 있다. 그런데 명상(瞑想)은 최근 심리치료의 한 부분으로 매우 중요한 역할을 하고 있다. 한편 심리학적 관점에서 **마음챙김**이란 '자신의 마음 속을 흐르는 감정, 사고, 신체감각에 주의를 기울이되, 사심 없이, 객관성을 가지고, 가치판단 없이(부정적/긍정적) 이름을 붙이지 않고 바라보는 것'을 의미한다. 또한 마음챙김 명상은 방해받지 않는 조용한 곳에서(직장이라면 화장실도 매우 좋은 장소이다) 편하게 앉은 후 눈을 감은 채 일상적인 호흡에 집중하면서

(대개 코끝에서 공기가 들어가고 나가는 것에 집중한다) 무비판적 태도로 떠오르는 생각, 감정 등을 있는 그대로 바라보고 내려놓는 것(물 흘러가듯이 흘러가는 것을 그냥 지켜보는 것)을 의미한다. 자~ 그럼 마음챙김 명상을 해 볼까?

.

.

.

하고는 싶은데 어떻게 할지 막막하신 분들이 계실 것 같다. 관계개선을 위해 생각의 중요성을 깨닫고 '생각 들여다 보기'를 기꺼이 해 보겠다는 독자가 계시다면, 마보[10]를 권유해 드린다. 마보(마음보기 연습)는 2018년에 구글 플레이 스토어에서 '올해를 빛낸 숨은 보석 앱'으로 선정된[11] 앱(app)으로, 영상을 보거나 들으면서 마음챙김 명상을 연습할 수 있도록 도와준다[12]. 여기에 조금의 치트키를 쓴다면 마음챙김 명상을 하기 전에 30초에서 1분 정도의 복식호흡을 강력하게 권한다. 복식호흡을 통해 우리는 사소한 순간부터 화가 머리 끝까지 차올라 이성을 잃을 만큼 머릿속이 복잡할 때, 다시 마음을 차분히 가라앉히고 머리를 차갑게 식힐 수 있도록 도와준다. 복식호흡은 자율신경계[13]중 부교감신경계를 활성화시켜 마음챙김 명상에서 얻을 수 있는 이점을 최대화한다. 복식호흡은 1부터 4까지 숫자를 세면서 코로 천천히 숨을 들이마시고 5, 6의

숫자를 세는 동안 잠시 숨을 멈추었다가 7부터 10까지 다시 천천히 입으로 숨을 내뱉는 것을 반복하면 된다. 이때 숨을 들이마실 때는 배가 빵빵해지고 숨을 다시 내뱉을 때는 배가 홀쭉해진다면 잘 따라하고 있는 것이다.

3회 이상의 복식호흡 후 3분간 마음챙김 명상을 하다 보면 우선은 그 짧은 시간 동안 얼마나 많은 생각과 감정들이 머릿속에 떠오르고 사라지는지 알게 되어 깜짝 놀라게 된다. 또한 반복된 명상을 통해 평소에 미처 생각하지 못했던 자신의 여러 가지 생각들을 들여다 볼 수 있게 된다. 즉 이러한 명상 훈련을 통해 **'그때 내가 무슨 생각을 하는지 알아차리기**(바라보기)'에 보다 쉽게 도달할 수 있게 된다(명상은 직관이 아닌 체험을 통해서 느낄 수 있는 그 무엇에 해당된다. 독자 여러분들의 실천을 기대해 본다).

이러한 '알아차리기 혹은 바라보기'는 우리가 일차적 반응을 통제하고 **'이차적 반응'**을 선택할 수 있도록 도와준다. 다시 말하면, 위에서 예로 들었던 쨰려보는 친구의 눈에 자동적으로 주먹을 날렸던 남학생에게 자신이 그때 무슨 생각으로 그러한 행동을 하였는지 잠시 멈추어 서서 알아차리게 한다면 혹은 마음을 바라보게 한다면, 우리는 자동화되어 있었던 생각(=해석)을 읽어내게 되고 무조건적이고 자동적이었던 일차적 반응을 멈출 필요성을 느끼게 된다. 때로는 여기서 더 나아가 주먹을 날리는 일차적 반응을 그만두고 상황에 적절한 새로운 대처 행동을 실천하는 '이차적 반응'을 할 수 있게 된다.

정리해 보자. 대인관계에서 기억에 남는, 갈등의 여지가 될 수 있는 사소한 일들을 떠올리면서 마음챙김 명상을 통해 그 상황을 돌이켜 보면 우리는 그때의 생각과 감정, 행동을 무비판적으로 바라보는 나를 발견할 수 있게 된다. 내가 나를 거리를 두고 바라보는 경험은 바쁜 일상생활 속에 자동적이고 무조건적이었던 일차적 반응을 자각하게 하고, 일차적 반응의 부적응성을 마음 깊이 깨닫게 되어 변화의 필요성을 절실히 느끼게 될 수 있다. 나아가 우리는 주변 상황/자극이 가져오는 무심결에 하던 행동들을 버리고 새로운, 환경에 보다 적응적인 행동을 선택할 수 있게 된다.

방귀 뀐 사람이 성낸다

주변에서 일어났던, 방귀 뀐 사람이 성낸다는 말을 떠올리는 이야기가 머릿속에 맴돈다. 동일한 사건이라도 서로의 입장에 따라 받아들이는 게 달라진다. 심지어 이런 문제는 옳고 그름의 문제에서도 다르게 나타난다. 옳고 그른 것이 바뀔 수 있는 것인가? 그때는 맞고 지금은 틀리게 될 수도 있는 것일까?

이런 일이 있었다. 같은 부서의 상급자(A)가 부하직원(B)을 갑질해서 그걸 목격했던 다른 상급 직원(C)이 회사 신문고에 신고를 했다. B는 갑질의 충격 때문에 A를 보면 가슴이 뛰고 숨도 잘 쉬어지지 않아 힘들어했다. A를 알고 있던 회사 직원들은 원래부터 A가 좀 이상했었다는 이야기를 하며 B를 위로했다. 그런데 시간이 지나, A는 그런 일을 절대 하지 않을 사람이라며, B가 잘못 했을 것이라는 이야기가 들려오기 시작했다. 나 역시 그 현장에

있지는 않았지만, 그 현장에 있었던 사람들에게 직접 이
야기를 들었던 것이라 다소 충격적이었다. 그 현장을 그
렇게 바라볼 수도 있다는 것이 놀라웠고, 사람에 대한 소
문이 얼마나 잘못 전달될 수 있는지, 그리고 듣는 사람에
따라 얼마에 다양하게 해석될 수 있는지에 대해 다시 한
번 상기하게 되었다.

그런데 시간이 좀 흘러 그 동일한 상황에 대해 이번에
는 A가 오히려 B를 갑질이라고 회사 신문고에 맞신고를
했다는 소식이 들려 왔다. 세상에 이런 일이? 상당히 놀
라고 충격적이었고, A가 이렇게 이상한 사람이었구나 라
는 생각을 하게 되었다. 그러다가 이 사건에 대한 아무런
소식을 듣지 못한 채 상당히 시간이 흐른 어느 날, 갑자
기 같은 부서의 또 다른 상급자(D)의 중재로, A와 B가 서
로 사과하고 화해하면서 신고를 취소하였고, 상황이 아
름답게 정리가 되었다는 이야기를 듣게 되었다. 세상에
나. 아니 이게 뭐지?? 맞신고보다 더 놀랍고 충격적이었
으며 D는 대체 뭐하는 사람인가 하는 생각이 들었다. 그
상황을 제대로 바라보고 있는 것인가? 어떻게 전해 들었
기에 그러한 중재를 할 수 있는 거지? 평소 A와 친했던
D는 A의 말만 들은 것인가? 역시 유유상종이구나 하는
생각을 하며 매우 씁쓸했던 기억이 떠오른다.

그러다가 갑질을 당했던 B는 오히려 가만히 있는데 화를 내고 분개하고 있는, 특히 '정의란 무엇인가.'를 떠올리는 나를 발견하면서, 이것은 나의 문제일 수 있겠구나, 나의 가치관이나 덕목이 문제일 수 있겠다는 생각이 들었다. 옳고 그름이 중요하지만, 옳고 그름이 다는 아니구나 라는 생각이 들었다. 평생 얼굴을 보고 살아야 하는 갇힌 사회에서, 옳고 그름을 따지는 것이 오히려 개인의 생존과 웰빙, 나아가 조직의 화합에 방해가 될 수 있겠구나 라는 자괴감이 들었다. '계속 얼굴을 보아야 한다는 것, 좋은 게 좋은 것이라는, 사회 생활을 위해서는 이게 더 중요한 것일 수 있겠구나.'하는 생각이 들었다. 더욱이 B는 일을 키우길 원하지 않았기에, 법에서도 서로 합의하라는 것이 있다는 데 생각이 다다르니, 당사자도 아닌 내가 뭐 이리 화를 내고 분을 낼 필요가 있을까 하는 데 생각이 미치기 시작했다.

게다가 서로 화해하고 잘 마무리되었으면 되었지, 무엇이 나쁘냐고 반문하는 사람도 있을 것이라는데 생각이 미치니, 오히려 B 대신 화나고 무언가 옳지 못하다고 바라보는 내가, 그리고 이것을 글로 정리하고 있는 내가, 사회 생활에 부적절한, 융통성이 없는 사람으로 보일 수도 있겠다는 생각이 들기 시작했다. 그러면서 동시에, A

가 회사에 오히려 자신이 갑질당했다고 신고한 것이 신의 한 수라는 생각이 들었다. 순진했던 나는 "세상에 이런 일이!"라며 경악했는데, 오히려 쌍방이 맞신고를 취하하는 데 결정적인 발판이자 계기가 되었으니 말이다. 서로 화해하고 합의를 이끌어 내는 것이 집단에 도움이 되는 것인데, '방귀 뀐 놈이 성낸다.'라는 속담을 떠올리며 세상의 옳고 그름의 흑백 논리로만 바라보는 내가 정말 부적응적인 사람으로 보일 수도 있겠구나 하는 생각이 들었다. 그러면서 주변을 둘러보니 일본 위안부 문제도 다시 보이고, 홍범도 장군의 흉상을 철거했다는 소식도 다르게 보이면서 이게 세상에 스며드는 것이구나 하는 생각이 들었다. 물론 모든 것을 세상에 스며들어, 옳고 그름의 잣대가 아닌 오직 이해타산과 조직의 조화나 순응만을 지향하며 살자고 이야기하는 것은 절대 아니다. 그러나 너무 감정에만 귀를 기울여 이해당사자도 넘어가는 상황에서 나만 분노할 필요는 없을 것 같다는 말이다.

감정이란, 특히 분노와 같은 부정적인 감정은 사람의 평정심을 깨고 이성적이거나 합리적인 행동을 하지 못하게 하는 녀석이다. 몇십만 년의 진화의 시간 동안 감정, 특히 부정적인 감정은 왜 사라지지 않았을까? 주변과의 조화, 연대, 협동을 깰 수 있는 이 부정적인 감정이 살아

남은 이유는 무엇일까? **감정**은 우리에게 그 상황에 대해 내가 느끼는 것이 무엇인지에 대한 중요한 정보를 제공한다.[14] 우리를 각성시키며 상황에 대비시키며, 준비하고 계획하도록 한다. 그러나 그 감정이 변화하지 않고 계속 유지되며, 옳고 그름에 대한 100%의 정확성을 항상 제공하는 것은 아니다. 그 상황에 대한 나의 감정에 주의를 기울이게 함으로써, 상황에 대한 여러 가지 대처를 **생각**하게 하고, 그중에 어떤 것을 선택하는 것이 가장 적절한지 고민하도록 만드는 원동력이 감정인 것이다.

자체만으로 보편적이며 동시에 명백하게 잘못된 것들이 있지만, 그러나 개인 간, 집단 간, 국가 간 이해관계 속에서 옳고 그름의 문제가 아니라 이해타산과 경제적 논리라는 이름 아래 풀어가는 것들이 많아진 세상이다. 피해자인 개인은 억울하고 화가 나지만, 일과 관계를 모두 챙기며 세상을 '실용적'으로(즉 옳고 그른 것으로 따지는 것이 아니라, 이해관계와 조직의 조화로움을 우선시하는) 살아가기 위해서는, 과거를 뒤로 하고 앞으로 나아가는 것이 중요할 수도 있다. 나만 이런 억울하고 분한 일을 경험한 것이 아니라는 역사가 얼마 정도 큰 위로와 위안이 될 수도 있을 것이다. '이 또한 모두 지나가리라.'를 외치는 현자의 말이 약자의 입장에서 역시 얼마 정도 위안과 자기 치유가 될 수도 있을 것이다.

그러나, 모든 것을 실용적으로만 접근해서도 안 될 것이다. 반대로 와신상담(복수나 어떤 목표를 이루기 위해 다가오는 어떠한 고난도 참고 이겨낸다는 뜻)의 태도로 모든 것을 대할 필요도 없을 것이다. 다만 TV를 틀면서 무심코 보았던 지나갔던 〈나는 자연인이다〉라는 프로그램이, 왜 아직도 TV에서 하는지, 재방송은 왜 그렇게 자주 하는지, 보면서 참 이상한 사람들이라고 느끼면서도 공감과 힐링을 느끼게 하는, 주마등처럼 흘러가는 과거의 내 경험과 일치하는 찰나의 순간들을 떠오르는 것을 보면, 실용과 와신상담 사이에서 지속적인 외줄타기는 쉬운 일이 아닐 것이리라. 어떤 문제는 분연히 자기 목소리를 내면서, 그러나 어떤 문제는 조직의 조화로움을 위해 주장을 내려놓고 앞으로 나아가는 것(moving forward)…. 그러나 방귀 뀐 놈이 성낼 때는 주변 사람들이 조용히 얼굴은 찌푸릴 수 있는 아름다운 세상이 굴러갔으면 한다.

진상은 호구가 만든다

　명백하게 선의로 한 일련의 행동으로 인해, 호구가 되는 경험을 해 본 적이 있을 것이다. 이런 사연을 하소연하는 온라인 커뮤니티 글을 소개하면 다음과 같다. 글을 올린 이(A)는 자신에게 언니라고 부르며 자신의 형편을 하소연하는 이웃 동생(B)이 있었다. A는 지난 몇 년간 수개월에 한 번씩 자녀들의 옷가지나 책 등을 챙겨서 B에게 전달하였다. A는 B를 친동생처럼 생각하며 정성스레 물건들을 챙겨 주었는데, B는 점차 이것이 자연스러워지고, 가끔은 이런 옷이나 저런 책을 챙겨달라고 요구하기도 하였다. 물론 B는 고맙다는 말은 수차례 하였으나, A에게 감사의 마음을 차 한잔으로 대접하는 물질적인 인사는 전혀 하지 않았다고 한다. 그러던 어느 날, B가 새 차를 뽑고, 명품백을 들고 다니는 걸 보게 된 A는 섭섭한 마음을 글로 올리게 되었다.

A의 하소연을 접한 수많은 사람들은 너도나도 댓글을 달았다. B 같은 사람하고는 더 이상 사귀지 말고 손절해라, 더 이상 옷이나 책들을 챙겨서 B에게 주지마라, B가 괘씸하다 등의 A의 마음을 어루만지는 글이 다수였다. 그러나 글 중에는 A를 대접받으려고 하는 이상한(?) 사람으로 모는 글도 조금 있었다. 이러한 댓글도 역시 나에게 상당히 신선한(?) 충격을 주는 사건이었다. 내가 알던 훈훈한 세상은 없어진 것일까? 김영란법이 이렇게 만든 것일까? 또는 단순히 세대 차이일까? 아니면 A와 B의 원활하고 진실한 소통의 부재에서 기인한 것일까? 그리고 이런 오해는 원래 만연한 것인가?

이 사연을 들으면서 문득 우리 이웃이 수능 관련한 책들을 몇 박스씩 가져다 준 일이 생각났다. 처음에는 무척 감사한 마음이 들었는데(책 한 권 값이 만 원이라고만 생각해도 얼마인가?) 이런 순간들이 반복되어 생기다 보니, 우리 집에 버리는 것이 좀 더 편리해서 그런게 아닐까 하는 매우 배은망덕한 생각이 (잠깐) 스쳐 지나갔다. 특히 이웃 자녀가 입던 교복을, 그 집 자녀보다 우리 아이가 훨씬 키가 큰데, 어찌 이런 교복을 가져다 주나 하는 생각이 들면서 상당히 배은망덕한 생각에 좀 더 힘이 실렸던 부끄러운 순간이 떠올랐다. 아~ 나도 배려받고 있었는데, 그걸 모르고 나의

권리로 착각하고 진상 짓을 부리는 B와 같은 사람일 수
도 있겠구나 하는 현타가 찾아왔다(다행스럽게도 나는 빨리 정신을 차
리고, 감사의 마음을 작은 선물로 표현했었다, 한 번 이상).

전혀 나와는 상관없는 일들이라고 생각한 일들이, 다
양한 관점에서 바라보면, 결국 나도 다르지 않다는 생각
이 들면서 나를 반성하게 되고, 내 주변을 돌아보게 된
다. A의 관점에서는 B를 생각하면서 배려의 마음으로 준
비한 깨끗하게 본 책들과 세탁한 옷들인데, 어느 순간부
터 감사의 마음이 사라진 B에게는 자신의 당연한 권리가
되고, 부끄러움 없이 떳떳하게 요구하는 진상이 되어 버
린 것이다. 과연 A의 배려하는 마음은 어떻게 표현되어
야 했던 것일까? 많은 댓글 중에 가장 인상적인 답글은
그래서 자기는 그냥 버리거나, 차라리 잘 모르는 사람에
게 기부하거나 1회성으로 준다는 것이었다.

다른 사람에 대한 배려에서 시작한, 주는 기쁨이 물론
크지만(물론 일부는, 줄 때의 마음만 기억해야지 고맙다는 인사는 기대하지 말아야 한
다고 하는 성인군자와 같은 이야기도 해 주었지만), 우리는 인간인지라 조
금은 내 배려를 확인받기를 원하는 마음이 들 수 있다.
그리고 이것이 습관으로 반복된다면, 습관의 동물인 인
간은 원래의 배려하려는 의도에서 벗어나게 되면서 새로

운 기대를 형성하게 된다. 마음 속에 이러한 관계의 틀[15]을 만들어 내는 능력은 A뿐만 아니라 B에게도 나타날 수 있다. 즉 받는 사람 역시 처음에 들었던 고마운 마음이 무조건적으로 반복을 통해 당연해지고 무디어지면서, 마음 속에 새로운 기대(=관계)를 만들어 가면서 그 유명한 '진상은 호구가 만든다.'라는 경구를 증명하게 된다.

내가 A도 될 수 있고, B도 될 수 있으며, 감사의 마음을 언제나 물건으로 갚을 필요는 없지만(마치 빚을 갚듯이), 마음은 무겁게 그러나 손은 가볍게 전달하는 이심전심의 마음은 반드시 표현할 필요가 있겠다는 생각이 든다. 소통에서 공식적인 소통과 비공식적인 소통이 있다면, 특히 비공식적인 소통이 중요한 우리 문화권에서는 이러한 소통의 뒤에 깔려 있는 소통이 이해관계로 비춰질 수도 있는 면이 있지만, 마땅히 옛날 사람으로 살아가는 나와 나의 또래 문화에서는, 그리고 쉽사리 없어지지 않을 이런 전통(관습이라고 불러야 하나?) 속에서 살고 있다면 반드시 고려해야 하지 것이 아닐까? 물론 관계에 대한 기대들이 세대 차이처럼 빠르게 변화하고 있는 우리 사회 속에서, 코로나로 인해 대인관계의 패턴들이 더욱 빨리 변화하고 있는 요즘 세상에 정답은 없지만, 모든 세대들이 신세대에서 결국은 구세대로 변화할 것이며, 전통 혹은 관습이 변화하는 속도와 더불어 다양성이 존재하는 그 시대에, 누구나 중간에 낀 세대에 속할 것인 이 세상에서 다른 사람과의 소통 혹은 대화가, 진정어린 대화가 필요한 이유일 것이다.

진정어린 대화는 익숙함에서 *끄집어내는* 초심의 태도가 필요할 것이다. 이것은 다행히 큰 기술이 필요하지 않을 수 있다. 수많은 인간관계에서 데인 경험을 누구나 한두 번쯤(혹은 그 이상) 가지고 있을 것이다. 혹시 호구 경험으로 힘들어하는 당신이라면(물론 저마다의 가치와 덕목에 따라 다르겠지만) 예를 들면(순전히 개인의 생각이다) 두 번은 이웃에게 친절함을 베풀고, 한 번은 낯선 사람에게 친절함을 베푸는 초심의 실천이 필요할 것이다. 또는 그 이웃에게 중립적인 태도를 보여주는 초심이 필요할 것이다. 동시에 진상처럼 당연하다고 생각되는 마음이 스쳐 지나가는 것을 느끼는 당신이라면, 초심의 태도로 감사의 마음을 끄집어내길 바란다. 혹은 더 이상 그런 것을 바라지 않는다고 밝히는 것도 필요할 수도 있을 것이다. 여기서 명심할 점은 진상도 호구도 상대방에 의해 만들어지며, 우리는 진상도 될 수 있으며 호구도 될 수 있다는 점이다. 친밀한 관계에서 진실한 소통은 언제나 필요하며, 이를 위해서 우리는 언제나 노력을 기울여야 할 것이다.

다정한 것이 살아남는다

개인을 악함과 선함으로 나눌 수 있을까? 동일한 상황에서 악함과 선함으로 행동하는 것은 그 개인의 문제일까? 이러한 선함과 악함의 이분법적 구분을 자기 편의 사람(혹은 내부자)인지 혹은 다른 편의 사람(혹은 외부자)인지로 바라보면서 극명하게 달라진다고 바라본 진화 인류학자가 있다. 『다정한 것이 살아 남는다』[10]라는 책에서 저자인 브라이언 헤어는 이러한 특성을 다음과 같이 설명한다. 인간 진화의 진정한 힘은, 적자생존 혹은 약육강식이 아니라 친화력이며, 이러한 친화력은 '자기 가축화'를 통해서 진화했다고 이야기한다. 자기 가축화란 "야생종이 사람에게 길들여지는 과정에서 외모나 행동에 변화가 일어나는 현상"으로, 인간에게도 사회화 과정에서 공격성 같은 동물적 본성이 억제되고 친화력이 높아지는 방향으로 진화하는 과정을 거쳤다고 보았다.

그런데 친화력에 따른 다정함에는 긍정적인 면뿐만이 아니라 부정적인 측면도 숨어 있다. 자기 종족 혹은 자기 사람이라고 생각되면, 무한한 다정함과 친화력을 발휘하지만, 타 종족 혹은 타인이라고 생각되면, 자기를 지키기 위해 무한한 다정함과 친화력이 무한한 적대감과 공격성으로 발휘되게 된다고 보았다. 자기를 지키기 위한 그 힘이, 동일한 원동력이 전혀 다른 방향으로 발휘하게 된다고 보았다[17]. 혹여 친절함 혹은 다정함이 진화의 산물이니, 혹여나 타인, 이민족, 우리와 다른 사람들에게 친절할 필요도, 다정할 필요도 없다고 생각하는 독자들이 있다면, 그쪽으로는 가지 마시길 바라면서, 이것이 설득이 안 된다면, 외부자 대 내부자로 개인을 구별할 때 우리가 항상 내부자에만 속하지 않는다는 것을 떠올려 보시길 바란다.

경상도 문화에서 '우리가 남이가(즉, 우리는 한 식구다, 남이 아니다라는 뜻)?'라는 말이 이런 의미를 정말 잘 내포한다고 할 수 있다. 물론 정치적인 맥락에서 긍정적인 정체성을 불러일으킬 수도 있지만, 매우 부정적으로 편을 가를 때 사용될 수도 있다. 헤어 박사는 "우리는 집단 정체성을 토대로 타인을 판단한다. 자신이 속한 집단을 향한 사랑이 정체성이 다른 타인에 대해서는 두려움과 공격성을 높이는 방향으로 작동한다."라고 말한다. 우리가 나를 가까운 집단의 사람뿐만 아니라, 나를 둘러싼 조금 먼 집단의 사람까지 한 가족이고 식구로 바라본다면, 우리는 다정함과 친절함을 모두에게 베풀면서 사랑하며 살 수 있다. 그런데 이렇게 경쟁적인 자본주의 사회에서 살아가는 우리는, 제한된 자원 속에서 경제적인 풍요만이 행복의 지름길이라고 믿는 사회에서, 타인에게 친절함과 다정함으로 대할 수 있을까? 바로 눈앞의 단기적인 이익에서 우리는, 장기적인 이익을 바라보며 친절함과 다정함으로 무장하고 타인을 대할 수 있을까? 절대 쉬운 일이 아니다.

과연 어떤 방법이 있을까? 헤어 박사가 제안하는 방법은 교육과 민주주의이다. 심리학자 입장에서 교육은 상당히 자신 있는 것이고 어떻게 해야할지 머릿속에 떠오르는데(예를 들면, 편견을 없애면서 협력을 증진시키는 대표적인 방법인 직소교실 (jigsaw classroom)[18]의 활용이 가장 대표적일 것이다), 민주주의는 쉽게 이해가 되지 않았다. 특히 현실의 민주주의가 더 이상 잘 기능하지 않는 제도로서 인식되고 있는 요즘이라면 더욱 그렇다. 그러나 저자가 설명하는, 30년을 지켜본 민주주의가 아니라 역사라는 시간 속에서, 인류가 진화하고 있는 방향 속에서 민주주의는 완벽하지는 않지만, 단점보다는 장점이 훨씬 많은 제도라는 점에서, 어두

운 본성을 제어하고 선한 본성을 발휘하기 위해서 민주
주의 만한 제도가 없다는 점에서 동의하지 않을 수 없게
된다.

연대를 강조하는 직소교실은 주류가 아닌 소수자의 입
장에서(피부색이 달라도, 성정체감이 달라도, 종교가 달라도) 소외시키고 배
제하는 것이 아니라 협력과 공동 학습을 통해서 집단을
형성하고 새로운 지식과 능력을 공유하도록 가르치는 방
법이다. 각 학생이 자신이 맡은 분야의 주제나 내용을 전
문화하고, 직소 퍼즐을 맞추는 것처럼 자신의 지식을 다
른 친구들과 나누며, 공통의 그림을 완성해 나가도록 돕
는 것이다. 그리고 이렇게 생긴 상대방에 대한 이해를 교
실에서만 제한하는 것이 아니라, 제도로서, 시스템으로
돌아가게 해 주기 위해서 필요한 것이 다소 거창하고, 완
벽하지는 않지만 그래도 지금의 최선의 대안인 민주주의
일 것이다.

옛날 미국 산업화가 확장되는 시기에 중국인과 백인이
같은 갱도에서 동료로서 평등하게 대우하지만, 그 광산
에서 나와 지상에 도착하면, 기존의 차별대로 행동하는
것은, 이러한 차별로 돌아가는 것을 허용해 주는 제도가
있었기 때문일 것이다. 한 개인의 선함에만 기대는 것이

아니라 시스템으로서 사회가 나와 다른 사람인 타자, 외부자, 타 집단원에게 다정하고 친절하게 할 수 있는, 지금까지 개발된 그나마 최선의 제도에 대한 믿음을 회복하면서 우리의 선한 본성이 악한 본성에 제어되지 않도록 노력해야 할 필요가 있을 것이다.

생각해 보면 우리는 항상 한 극단과 한 극단 사이를 오가며 살아간다. 그 중간 어디에서 개인의 가치와 덕목에 맞는 행동을 할 것인지 선택을 하거나, 집단(혹은 민족이나 국가, 아니면 지구가 될 수도 있겠다)의 가치와 덕목에 맞는 행동을 선택할 수도 있을 것이다. 그러나 인류가, 아니 영장류가 친절함과 다정함을 기준으로 진화했다는 이론을 적용해 본다면 우리는 진화의 방향을 거스르지 않는 구체적인 방법들을 고민하면서 살아야 하지 않을까.

첫눈에 반할 통계적 확률

타인과의 소통은 정말 어렵다. 가족과의 소통 역시 쉬운 일은 아니다. 진정한 소통에는 시간과 노력이 필요하다. 그러나 직장인으로서 일주일을 피곤하게 산 나를 포함한 많은 개인들은 이런 소통보다는 우선 나의 피로를 덜어내고 재충전하는 시간이 절대적으로 필요하다.

특히 명절의 황금연휴에는 이러한 유혹에 더욱 흔들리게 된다. 그러면서 재충전의 도구로 영화시청을 가장 먼저 손꼽게 되는데, 세상을 잘 모르는 20대는 인생의 깊이나 삶의 현실을 그려내는 묵직한 영화를 종종 보았는데, 세상에 찌든 지금, 평일에 부족한 수면을 취하고, 휴일에 TV 앞에서 멍때리기를 할 때 로맨틱 코미디(로코)만큼 삶의 활력소가 되는 영화는 없는 것 같다. 특히 해피 엔딩으로 끝나는 로코를 보면, 씁쓸한 현실에서 채워지지 않은 무언가가 채워지는 듯한 그 느낌이 좋다. 다만 대부분의 로코가 그렇듯이 내용이 거기에서 거기인 내용이어서, 영화를 보고 나면 이런 영화로 소중한 시간을 버렸다는 아쉬움과 자신에 대한 한심함이 교차하기도 한다. 이러한 양가적 마음을 누르고, 구독 중인 OTT 서비스에서 top10에 든 로코를 한 편 보게 되었다.

영화의 내용은, 아버지와 사이가 좋았던 과거를 가진 여주인공이 아버지의 결혼식에 가기 위해 영국행 비행기를 타고, 암이 재발한 어머니의 생전(사후가 아니다) 장례식을 가기 위해 남주인공 역시 같은 영국행 비행기를 타게 된다. 우연히 비행기를 기다리며 만나게 되고, 식사를 같이 하게 되고, 게다가 바로 옆좌석에 앉게 되면서 두 사람은 많은 이야기를 하게 된다. 왜 아버지와 어머니가 이혼하게 되는지 이해하기 어려운 딸과, 왜 항암치료를 거부하고, 죽음을 택하는 어머니를 이해하기 어려운 아들은 짧지만 진실한 대화를 통해서 아버지를, 어머니를 이해하게 되고, 그 선택을 받아들이게 되며, 그리고 자신들의 만남도 스쳐지나가는 것이 아닌, 운명으로 받아들이게 된다.

결혼하기 전 20대에 보던 꿈속의 왕자님을 찾는 로코와 아이들을 키우며 삶의 버거웠던 시기에, 지극히 삶의 도피적 요소로 보던 로코, 그 아이들이 떠나가고 50대에 동갑내기 남편과 80을 바라보는 친정엄마와 같이 살면서 보는 로코는 참 다가오는 의미가 다르다. 더 이상 꿈속의 왕자님을 꿈꾸지 않으며, 결혼과 로맨스는 엄청난 차이가 있음을 아는 나이인 50대에, 이 뻔한 듯했으나 뻔하지 않은 로코는 많은 것들을 생각하게 한다. 미리 후회할지도 모른다는 생각을 하면서, 큰 기대 없이 보았던 이 영화는 로코를 보면서 소통에 대해 많은 생각을 하게 한다.

"그동안 애썼어. 좀 쉬고 힘내! 아자아자 화이팅!" 일주일을 열심히 달려온 나에게 내가 건네는 빈둥빈둥하며 일주일을 비우고 다음 일주일을 채울 수 있게 하는 시간도 필요하다. 그러나, 20년은 자식을 뒷바라지하고, 10년은 합병증으로 고생하는 아버지를 뒷바라지하고, 그 이후 20년은 손주들을 보살피면서 살아온 나의 가족인 친정 엄마를 바라보면서, 엄마와의 소통을 생각해 보게 된다. 80이 얼마 남지 않은, 다행히 건강하신 엄마를 바라보며, 생로병사의 긴 시간을 엄마의 시간이 아닌, 나의 시간으로서 바라보게 된다. 그 관계에서 나는 얼마나 엄마와 소통하고 있었을까?

불통은 아니지만, 만족보다는 부족하고 아쉬운 부분들

이 먼저 떠오른다. 특히 나이가 들어가는 것이 어느 순간 어른이 되어 가는 것이 아닌, 죽음에 더 가까운 쪽으로 흘러가고 있음을 깨달으면서, 전혀 기대하지 않았던 이 영화는 마음속에 쌓여 있던 불안, 우울, 긴장 등의 감정을 날려버리고, 마음이 정화되는 카타르시스를 경험하게 하였다. 헛~ 이런 로코에서. 아마도 이런 부분들이 나만 경험한 것이 아니기에, top10에 들게 되었구나 하는 생각도 들었다.

행복에는 정서적 요소가 중요하다. 다시 말하면 긍정적 정서(예: 행복한, 기쁜, 만족한)는 많고 부정적 정서(예: 화난, 불쾌한, 슬픈)는 적을수록 좋다고 한다. 그러나 우리가 자신만의 목표와 가치를 향해 달려갈 때, 힘들고 슬프고 화나는 순간들을 경험하더라도 견디고 버티면서 우리가 원하는 것을 이루기 위해 노력할 때 우리는 이러한 부정적 정서에 압도되지 않는다. 따라서 행복의 정의에는 쾌락(hedonic)적이고 긍정적인, 그러나 일시적인 만족감에 더해, 자신이 추구하는 가치와 덕목을 추구하면서 (때로는 고통과 같은 부정적 정서를 견뎌내는) 보다 지속적인 만족감과 행복을 추구하는 유대모닉(eudaimonic)[19]적 행복 찾기가 중요한 구성 요소가 되었다.

달콤한 쉼을 통해 충전된 시간들을 무엇을 위해 사용

할 것일까? 유대모닉적 행복은 나만 잘 먹고 잘 사는 것이 아니라, 우리가 다 같이 잘 먹고 잘 사는 것이 포함된다. 여기에는 소통과 협동이 중요한 전제가 될 것이다. 남을 배려하며, 봉사하고 돕는 것이 개인의 지속적인 만족감과 행복을 증진하는 데 도움이 된다는 연구들이 다수 존재한다.[20] 서로 다른 개인의 역사를 가진 사람 모두에게 이 연구를 적용할 수는 없겠지만, 개인의 가치와 덕목에 부합한다면, 그 실천으로 현재의 나를 있게 한 우리 가족들의 행복과 복지를 위해 남은 휴일을 보내는 것은 어떨까? 충전된 시간들이 그래도 남아 있다면, 그 시간들을 개인의 가치와 덕목을 갈고 닦는 성장의 기회로 삼아 친구와 지인들을 위해 사용하면 어떨까?

우연히 고른 한 편의 영화가 카타르시스를 경험하게 하면서 과거와 지금, 그리고 앞으로를 어떻게 살아야 할지를 너무 무겁지 않게 돌아보고 생각하고, 고민하게 만들었다. 소통에 관해서, 특히 사랑하는 사람들과의 소통에 관해서 말이다. 저마다 가지고 있는 자신만의 방법으로, 영화시청 외에도 다양한 저마다의 방법으로, 자신의 행복도 챙기고, 자신의 확장으로서 우리의 행복을 챙길 수 있는 기회를 찾아서 잘 활용하길 바란다.

마무리하며:
우리는 진정한 교류를 원하는가?

법륜 스님의 즉문즉설 중에 기억에 남는 영상이 하나 있다.[21] 75세 어르신이 "어찌해야 이놈의 화를 없앨지."라고 하는 20분짜리 영상[22]인데, 마누라한테 자꾸 화를 내는데 어떻게 고쳐야 할지 방법을 알려달라는 질문을 한다. 법륜스님은 진짜로 화내는 행동을 없애고 싶은 게 맞냐고 먼저 물으신 다음, 화내는 행동을 없애는 진짜로 멋진 방법을 제시한다. 스포일러가 될까 봐 방법을 여기에 쓰지는 않지만 혐오치료(aversion therapy)[23]에 근거한 아주 멋진 방법이었는데, 그 어르신이 그 방법을 실천에 옮기려고 하지 않는 모습을 보이자, 법륜스님은 그 어르신에게 당신은 진짜로 화를 없애고자 하는 것은 아닌 것 같다고 이야기한다(여기까지 글을 읽고 있는 독자라면 유튜브에서 이 동영상을 찾아 한번 꼬옥 보시길 바란다).

대인관계의 어려움을 해결하고 싶다고 하지만 정말 우

리는 변화를 원하는가? 마음은 그렇다고 하지만 가장 효과적인 해결 방안을 제시하여도 앞글의 어르신처럼 우리 대부분은 머뭇거린다. 왜냐하면 해결 방안을 실천하려면 노력과 시간 때로는 고통이 따를 수 있기 때문이다. 대부분의 우리는 굳이 이렇게까지 해가면서 그 사람과 관계를 개선해야 하는지에 대한 의문이 들면서 내로남불과 인지적 구두쇠 태도를 가지고 관계의 개선이 아닌 관계의 정리 혹은 그대로 두는 것은 아닐까 생각해 보지 않을 수 없다. 이러한 자기합리적 태도 밑에 숨어 있는 자신의 생각과 감정과 행동을 잘 '바라보고' 동시에 상대방의 입장에서 바라보는 '역지사지(易地思之)'의 태도를 통해 우리는 진정한 변화의 필요성을 느끼는지 마음을 들여다 보아야 할 것이다.

자신의 생각을 바라보기나 역지사지의 태도를 취하는 것을 학문적으로 메타 인지(meta-cognition)[24]라고 부른다. 상위인지 혹은 생각에 대한 생각이라고 정의할 수 있는데, 메타 인지의 방향을 상대방과 나의 유사점 찾기로 잡아 본다면, 관계 개선의 필요성을 조금 더 체험할 수 있지 않을까 싶다. 즉 진정한 변화의 필요성은 상대방과 내가 그렇게 다른 사람이 아니라는 것을 통해서 깨달을 수 있다. 관계의 갈등을 떠올리다 보면, 눈에 거슬리는 상대방의 아주 작은 행동이 사실 나라도 그런 상황에서 그럴 수 있겠다는 생각이 든다면… 그 사람과 내가 그렇게 다르지 않다는 것을 직접 체감할 수 있다면… 갈등을 통해 증폭된 상대방과 나의 차이점을 더 이상 크게 지각하지 않고, 유사점에 강조를 두면서 이해의 폭이 확장되는 경험을 할 수 있다. 진정 대인관계의 해결을 원한다면 상대방과 나의 차이점이 아닌 공통점 및 유사점을 가정해야 한다. 즉 상대방과 나의 다른 점을 차이점이 아닌 상호보완적인 특성으로 보느냐에 따라 상황에 대한 해석이 달라지고, 여기에 따른 감정이 달라지고, 결국 내가 선택하는 행동도 달라질 수 있게 된다.

자~ 이제 막바지에 도착했다. 대인관계의 어려움을 풀어나가는 여러 가지 방법들이 존재하지만 무엇보다도 우선해야 할 것은 변화에 대한 진정한 동기와 더불어 대인관계 문제를 해결하기 위한 올바른 가정의 여부이다. 해결을 목표로 출발선에 의지를 갖고 서 있으나, 출발을 알리는 총소리를 듣고 열심히 달려 나간들 대인관계 문제에 있어 '**우리 모두가 연결되어 있으며 서로 그렇게 다르지 않다.**'는 태도를 취하지 않는다면, 대인 갈등 해결이라는 골인점에 무사히 도착하기는 매우 요원한 과제가 될 것이다.

마지막으로 덧붙이자면, 안타깝게도 우리 중 일부는 성격장애(personality disorder)[25]라는 진단명을 붙일 수밖에 없는 자기중심적이고 공감 능력이 떨어지며 이기적이고 남의 입장에서 자신을 바라볼 수 없는 심리적 어려움을 가진 사람들이 있다. 우리는 이런 사람들과 제대로 의사소통하기 어려우며, 그들에게 이용당하거나 고통받기 싫어서 어쩔 수 없이 자신을 보호하기 위해 적당한 거리를 유지할 수밖에 없는 경우가 종종 있다. 그러나 이들 역시 후천적인 주변 환경의 희생양이며, 우리보다 운이 나빠서 성격장애자의 굴레에 갇히게 되었다는 점을 감안한다면, 혐오와 미움의 감정을 누그러트리고 측은지심의 마음을 가지고 그들을 대해야 할 것이다. 물론 그들로 인한 마음의 상처는 뒷담화의 공론화를 통해 피해자들끼리 똘똘 뭉치고 이를 통해 잠재적 피해자까지 예방할 수 있다면 더욱 좋을 것이다.

4장

시대의 행복: 코로나 시대의 행복찾기[26)]

중국 우한에서 발견된 코로나19로 인해 전 세계가 시끄럽다. 세계인들의 주목을 받기 시작한 2020년 초반에는 많은 사람들이, 특히 사스와 메르스와 같은 바이러스를 경험했던 우리는 지금과 같은 봉쇄(lockdown) 상황을 생각해 보지 못했다. 그러나 2020년 하반기 이 바이러스가 치명적이지는 않지만, 상대적으로 높은 감염률과 사망률을 보이며 계속 기승을 부릴 수 있다는 것을 깨닫고 조금은 절망감을 느끼며 2021년을 맞이하게 되었다. 그러다가 다행스럽게 백신이 발견되고 대량생산에 들어가면서 그리고 우리나라 사람의 10% 이상이 예방주사를 맞은 현재, 코로나 변이 바이러스의 걱정에도 불구하고 작년보다는 조금 더 희망을 품게 되는 시기이다.

그런데 코로나19의 출현은 21세기에 처음 나타난 현상은 아니다. 지금으로부터 약 100년 전에 무오년 독감 혹은 스페인 독감으로 비슷한 종류의 바이러스가 출현하여 전 세계를 훑고 지나갔다. 우리나라에서는 1918년 무오년에 발생한 독감으로 당시 우리나라 인구의 절반 정도의 사람이 감염되고, 약 14만 명이 죽었다고 한다. 같은 시기에 스페인 독감으로 알려진 이 바이러스로 인해 당시 16억 명의 전 세계 인구 중 약 1/3이 감염되고, 약 5,000만 명 정도의 사망자가 나왔다고 한다.[27]

100년 전과 비교하여 엄청나게 의료 기술의 발달하였음에도 불구하고, 바이러스 앞에서 인류는 속수무책이라는 걸 느끼면서 자연의 거대함에 저절로 고개를 숙이게 된다. 또한 이 지구에 이런 위기를 가져오게 되는 이유가 무엇인지 생각해 보게 된다. 이 지구의 주인이 인류만을 아닐 터인데, 자원들을 무분별하게 사용하고 그 결과 다른 생명체들이 사용해야 하는 자원을 고갈하고, 결국 삶의 터전을 빼앗긴 동물들에게 기생하였던 바이러스가 여러 다른 동물을 매개로 거치면서 결국 사람을 숙주로 하여 나타나게 된 것이다.[28]

그렇지만 이런 재난 혹은 재앙은 사람이 만들어낸 것이지만, 생명의 진화라는 초거시적 관점에서 보면 매우 자연스러운 현상이며 동시에 이러한 현상이 마지막이 아니라 언제든지 발생할 수 있는 것임을 이해할 수 있다.

이 와중에 다행이라면 코로나19에 대한 면역력이 생겨서 다시는 이 바이러스로 인한 어려움을 경험할 확률이 낮다는 것일 것이다. 물론 우리가 100년 남짓 사는 유한한 존재이기 때문에 새로운 바이러스의 출현을 또 경험할 확률도 상대적으로 매우 낮다는 것도 아이러니하지만 위안일 수 있다. 또한 그렇다면 코로나의 종식이 거의 현실로 다가온 지금, 2022년의 우리의 변화된 삶을 그려보며 현재 그리고 가까운 미래에 우리는 어떻게 대처하면서 하루하루를 살아가야 할까? 그 방법을 심리학자가 생각해 본다면 무엇이 있을까? 그 방법들에 대해 한번 생각해 보는 시간을 가져보자.

첫 번째 글에서는 성격의 관점에서 코로나에 대처하는 우리의 자세를 타고난 성격인 기질 차원에서 살펴보고, 두 번째 글에서는 미래의 주인인 아이들을 키우는 부모의 입장에서 어떻게 대처해야 하는지 살펴보고자 한다. 마지막으로는 코로나 시대 그리고 포스트 코로나 시대에서 우리는 어떤 삶을 살아가야 할지에 대해서 고민해 보자.

코로나 시대를 잘 살아내는
성격 특성이 있을까?[29]

성격은 타고난 성격인 기질과 변화 가능한 성격인 인품 혹은 성품으로 구분할 수 있다. 기질은 평생 안정적이고 잘 변화하지 않는 속성을 가지지만, 성품은 개인의 노력과 훈련에 따라 변화 가능한 속성을 지닌다.

타고난 성격인 기질은 유전적 성향을 가지고 있다. 예를 들어 오른손잡이인 당신은 왼손도 사용할 수 있지만, 대개는 오른손으로 칫솔질도 하고 글씨도 쓸 것이다. 오른손을 다쳐 사용할 수 없는 짧은 기간에는 왼손을 사용하겠지만, 다친 오른손이 다 나으면 잽싸게 왼손에서 오른손을 사용하는 오른손잡이로 돌아오게 될 것이다. 타고난 선천적 성향인 기질도 마찬가지이다. 다양한 주변 상황에도 불구하고 당신은 비교적 안정적이고 일정한 반응 패턴을 보인다. 예를 들면, 새롭고 신기한 것을 보면 그냥 지나치기 어렵다거나, 위험한 상황은 적극적으로 피한다거나, 주변 사람들의 인정과 관심을 즐기는 특성을 보일 것이다. 이러한 특성들이 타고난 성격인 기질이다.

타고난 성격인 기질을 측정하는 도구로 가장 대표적인 것이 미국 워싱턴대학교의 클로닌져(C. Robert Cloninger) 박사가 만든 기질 및 성격 검사(TCI: Temperament and Character Inventory)이다. 클로닌져 박사에 따르면, 기질 특성은 자극추구, 위험회피, 사회적 민감성 차원으로 이루어졌다. '자극추구'란 새롭고 신기한 것에 이끌리는 생물학적 경향으로, 자극추구가 높으면 새롭고 낯선 것일지라도 열정적으로 탐색하고, 남들이 예견하지 못하는 숨어 있는 보상을 잘 발견한다고 하였다. '위험회피'란 처벌이나 위험을 회피하려고 행동을 억제, 중단하는 타고난 경향으로, 위험회피가 높으면 위험이 예상되는 상황에서 조심스럽게 미리 세심한 대비를 하기 때문에 위험이 실제 현실로 나타날 때 사전 계획과 준비가 큰 도움이 된다고 하였다. '사회적 민감성'이란 사회적 보상 신호와 타인의 감정을 민감하게 파악하는 유전적 경향으로, 사회적 민감성이 높으면, 사회적 관계를 더 쉽게 형성할 수 있으며, 타인의 감정을 더 잘 이해할 수 있다고 하였다.

이러한 기질의 특성에 따라 요즘과 같은 코로나 시대

에 반응하는 것도 다를 것이다. 우선 위험한 상황을 적극적으로 회피하는, 위험회피 기질 성향이 높은 사람은 코로나 시대에 사는 것이 가장 힘들다. 특히 생명/건강과 직결되는 바이러스인 코로나의 출현은 위험회피 기질 특성이 높은 사람에게는 집 밖에 나가는 것은 엄청난 위험을 감수하는 것이 되기 때문이다. 또한 주변 사람들의 인정과 관심을 즐기는 사회적 민감성이 높은 사람들도 위험회피가 높은 사람들만큼은 아니지만 코로나 시대에 살기 어려운 것은 마찬가지이다. 특히 직접 대면을 통해 사람들과의 관계를 유지해 온 사람들의 경우 코로나로 인해 신체적 접촉의 가능성을 줄여야 하는 지금과 같은 상황은 매우 힘들 수 있다. 반면에 새로운 것을 좋아하는 자극추구가 높은 사람들은, 코로나와 같은 위기 상황에서도 큰 스트레스 받지 않고 살 수 있다. 왜냐하면 미래를 예측할 수 없는 위기의 상황을 새롭고 신기한 것으로 받아들이기 때문에 이런 상황이 호기심을 자극하는 짜릿한 순간일 수 있기 때문이다.

그런데 이러한 기질 특성은 한 가지 방향으로만 발휘되지 않는다. 특히 코로나와 같은 재난 상황이 일회성이 아니라 꾸준히 지속되는 상황이 된다면 더욱 그렇다. 그래서 높은 자극추구 성향을 가진 사람들도 일회성이 아닌 매일 반복되는 재난 상황을 더 이상 신기함과 호기심을 가지고 바라보지 않게 된다. 따라서 코로나 상황은 심심하고 반복되는 일상으로 다가와 무료함을 느끼고, 짜릿함을 찾아 다른 사람들이 하지 않는, 코로나 시대에 반기지 않는 행동을 시도할 수 있다. 반면에 높은 위험회피 기질을 가진 사람들도 돌다리도 두들겨보고 건넌다는 심정으로 확인의 확인을 통해 코로나가 생각보다 생명을 위협하는 질병이 아니며, 코로나를 예방하기 위한 다양한 방법을 학습하였다면 코로나 초반보다는 훨씬 여유롭게 상황을 견딜 수 있게 된다. 또한 사회적 민감성이 높은 사람들도 사람들과의 직접 접촉을 피하고 간접 접촉을 통해 사람들과의 관계 속에서 인정의 욕구를 충족할 수 있기 때문에 이 상황을 그럭저럭 견딜 수 있게 된다.

따라서 한 가지 기질 특성이 한 가지 적응 패턴만을 의미하는 것이 아니며, 일상이라는 지속되는 상황에서 더욱더 우리는 타고난 기질 특성만이 아니라 환경과의 상호작용을 통해 상황에 대한 적응과 대처를 학습하게 된다. 이러한 의도적이고 의식적인 학습에 개인의 후천적 노력과 연습, 훈련의 요소를 고려할 때 타고난 성격인 기질만으로 우리의 적응을 이야기하는 것은 어려워진다. 다시 말하면 개인의 타고난 성격인 기질보다 훨씬 중요한 '성품'의 중요성을 이야기할 수밖에 없게 된다.

타고난 성격인 기질과 환경과의 상호작용을 통해 형성되는 성격인 성품은 기질과 비교할 때 이차적 반응이다. 즉 개인의 기질이 주변의 상황 혹은 자극에 무의식적이고 자연스럽게 반응하는 일관성을 띠는 일차적 반응이라면, 성품은 이러한 기질의 표현을 의식적이고 의도적으로 조절할 수 있는 이차적 반응이라는 의미이다. 즉 특정 상황에서 좌절을 경험하고 화가 나더라도 반드시 욕을 하거나 물건을 던지거나 사람을 때릴 필요는 없다. 화가 나는 감정을 식힐 수 있다면, 그 화란 강렬한 감정 역시 그 순간을 지나면 지나간다는 것을 경험하였다면 우리는 화가 나더라도 반드시 파괴적인 행동으로 표현하지 않아도 된다는 것을 깨닫게 된다. **즉 잘 변화하지 않는 타고난 성격에도 불구하고 성품을 어떻게 개발시키느냐에 따라서 우리는 환경의 요구에 적절하게 대처할 수 있다.** 마치 코로나19와 같은 재난 상황 속에서 기질에 기반한 일차반응으로만 살지 않고, 성품을 개발하여 이차반응으로 살아간다면 이러한 상황에 보다 현명하게 대처할 수 있을 것이다. 즉 우리의 기질은 성품을 통해 조절 가능하다.

그렇다면 성품을 개발하기 위해서 우리는 어떻게 해야

할까? 무엇보다도 자신의 기질 특성이 무엇인지 알아내고, 특정 상황에서 그 기질에 따라 일차 반응으로 어떻게 표현되는지 우선적으로 알아야 한다. 그리고 이러한 일차 반응 외에도 다양한 반응을 선택할 수 있는 존재임을 자각해야 한다. 그렇게 된다면, 상황에 따라 단점으로 발현될 수 있는, 마치 맛있는 음식 냄새에 자동적으로 침을 흘리는 일차적 욕구에 충실한 우리가 아닌, 상황에 맞게 적절한 행동을 선택할 수 있는, 이차적 본성을 키울 수 있게 될 것이다. 즉 타고난 성격인 기질에 따라 개인의 대처방식이 정해져 있는 것이 아니라, 내가 가진 기질 특성을 잘 이해하고, 기질 특성의 단점을 극복하기 위한 대처방안을 의식적인 노력을 통해 학습한다면 코로나와 같은 재난 상황에서도 크게 동요하지 않고 주변의 요구에 잘 대처하는 적응적인 모습을 보일 수 있다는 것이다.

우리는 일이 잘 풀리지 않을 때, 우리의 미래를 보여주는 점술가들에게 기대고픈 마음이 든다. 내 사주팔자가 어떤지 알아보고 내 운명에 맞추어 살아야지 하는 생각이 들기 쉽다. 마치 "타고난 성격을 어떻게 바꾸겠어."라는 태도로 주변 상황에 맞춰 살아가는 수동적인 모습을 띠기 쉽다. 특히 적응의 어려움을 가진, 취약한 기질특성이 두드러지는 사람은 더욱 그럴 수밖에 없다. 왜냐하

면 이들은 기질표현을 조절하기 위해서는 더 많은 연습
과 훈련이 요구되기 때문이다. 그러나 대부분의 우리는
노력보다는 타고난 성격이라고 믿으며 나를 변화시키려
는 노력보다는 자신의 행동을 합리화하려는데 그치고 만
다. 그러나, 코로나 같은 상황에서도 **변화의 가능성, 노**
력의 가능성을 믿는 사람들은 쉽게 좌절하지 않는다. 변
화하지 않는 타고난 성격인 기질에만 머무르지 말고, 우
리의 노력을 기울여 바꿀 수 있는 성격인 성품을 단련시
키는 기회로 삼아 코로나 시대에 건강과 지혜를 모두 잡
으시길 바란다.

코로나 시대를 살아내는
성숙한 부모의 양육은 어떤 모습일까?

코로나 시대에 자녀 양육은 어렵다. 에너지 수준이 높은 아이들은 집에 가만히 있지를 않는다. 밖으로 뛰어나가 자신의 에너지를 발산하며 놀이를 통해 세상을 배우려고 한다. 특히 아동들은 탁월한 근지구력의 발달로 인해[30], 성장기 아이들의 근육 회복력이 프로 운동선수의 수준이기 때문에 일반 성인보다 훨씬 쉽게 피로에서 회복된다. 이러한 아이들과 코로나19로 인해 집에서 같이 지내다 보면 양육자인 부모는 신체적, 심리적으로 엄청난 스트레스를 경험한다. 코로나 초기에 특히 유치원 혹은 초등학교 등원 혹은 등교가 중지된 상태에서 집에서만 아이들과 지냈던 시기를 생각해 볼 때 부모가 아닌 사람들도 충분히 부모들의 고충을 상상할 수 있을 것이다.

집 밖에서 놀 수도 있겠지만 코로나19에 대한 감염을 염려하여 결국 집에서 현명하게 지내는 방법을 찾아야 하는 것은 자연스럽게 부모의 몫이 된다. 특히 전일제 양육 혹은 맞벌이로 인해 재택 근무를 써 가며 아이들을 돌보는 부모의 경우 휴식이 절대적으로 필요하다. 이런 경우 아이들에게 스마트폰을 잠깐씩 쓰게 하는 것은 어쩌면 당연한 결과이다. 아이들에게 절대 스마트폰을 사용하지 않도록 하는 것도 불가하다. 특히 아동기는 전 생애 발달과정에서 가장 호기심이 왕성하고 무엇이든 탐구하고 적극적으로 탐색하는 시기여서 스마트폰처럼 영상이라는 감각적인 면에서, 다양한 내용을 갖는 콘텐츠적 측면에서 부모가 무조건 막는다고 해결되는 것이 아니다. 그래서 타협의 기술이 요구된다.

타협의 기술은 아동에게 싫어하는 것 혹은 별로 좋아하지 않는 것을 먼저 하게 하고 그 결과에 따라 보상으로 아이가 좋아하는 것, 즉 스마트폰 사용이라는 보상을 제공한다는 큰 원칙을 갖는 것이 중요하다. 특히 아동이 자발적으로 아주 싫어하는 것을 했다면, 이때의 보상은 더 많은 시간을 스마트폰을 사용하게 하는 것도 될 수 있다. 예를 들면 수학학원을 가기 싫어하는 아동이 수학학원을 가고, 수학학원을 가기 위해 수학 문제를 열심히 풀었다면 그 보상으로 스마트폰 사용을 기쁜 마음으로 허락해야 한다. 특히 수학 문제를 열심히 풀었다는 그 과정을 듬뿍 칭찬해 주는 것, 그리고 부모의 고마운 마음을 표현하는 것이 중요하다. 이런 행동이 습관이 되기 위해서는 약 석 달의 시간이 걸린다고 한다.[31] 석 달을 꾸준히 하기 위해서는 부모 역시 지속적인 노력을 기울여야 한다.

또한 아이들은 부모의 말과 행동이 일치하지 않는 행동은 따라 하지 않는다. 아니 정확히 말하면 언행이 일치하지 않는 행동을 정확히 모방하면서, 말과 행동은 달라도 된다는 것을, 자연스럽게 거짓말을 배우게 된다. 따라서 언행일치가 되는 부모의 본보기가 절대적으로 요구된다. 예를 들면 아이에게는 스마트폰 보지 말고 공부해라, 학원가라고 하면서 부모는 스마트폰에만 매달려 있다면, 아동이 과연 자발적으로 필요성을 느끼고 숙제를 하거나 학원을 가는 것이 가능할까? 아닐 것이다. 따라서 지속성과 언행일치라는 성숙한 양육을 구사하는 부모의 본보기가 뒤따라야 한다.

성숙한 부모란 자신의 인생을 100% 희생해 가면서 아동의 양육을 위해 부모가 모범이 되는 것을 의미하지 않는다. 또는 자아실현이라는 이름으로 아동보다는 내 인생이 중요하다는 태도로 아동을 방관하는 것을 의미하지 않는다. 미국의 심리학자인 바움린드(Diana Baumrind) 박사는 따뜻함과 통제를 적절히 발휘하는 양육을 강조하였다.[32] 따뜻함만 강조하면 자존감은 매우 높지만, 인생의 목표가 없는, 게으른 청소년으로 성장하기 쉽고, 통제만을 강조하면 남들이 보기에는 모범생이지만 스스로 자존감이 낮고, 우울감이나 불안감에 시달리는 청소년으로 성장하기 쉽다고 하였다. 따라서 관계는 따뜻하지만 목표를 위해 때로는 통제/단호함을 보여주는 부모의 모습을 보여주어야 한다. 또한 목표를 향해 나아갈 때 아동의 상황을 고려하여 융통성을 발휘해야 한다.

이러한 성숙한 부모의 모습을 자녀의 양육에 있어서 한국의 현실적 측면을 고려하여 학습적인 면에서 생각해보자. 학습은 기초지식의 습득과 이를 활용하는 단계로 나누어 볼 수 있다. 온택트(ontact) 시대에 기초지식을 습득하는 암기 위주의 교육이 더 이상 통용되지 않을 것이라는 확신은 들지만, 기초지식의 토대 위에 문제를 파악하고 해결하며 다른 유사한 문제상황에 활용하고 대처하기 위해서는 집행기능(executive functioning)이라 불리우는 고차원적 학습 능력이 요구된다. 또한 이러한 학습 능력을 발휘하기 위해서는 습득된 지적 능력을 부호화–저장–인출하는 과정이 수반되는데, 이러한 능력을 잘 발휘하기 위해서는 무엇보다도 정서적 안정성이 필요하다. 즉 불안정감 혹은 좌절감을 잘 조절할 수 있는 정서 조절 능력을 자녀가 가지고 있을 때 원활한 학습이 가능하다. 지능과 정서의 상호의존적 관계는 근접한 뇌의 구조들이 비슷한 기능을 담당하는 데서도 찾아볼 수 있다. 우리의 뇌에서 변연계라고 불리우는 곳이 있는데[33], 해마와 편도를 포함하는 변연계는 우리의 학습과 기억, 그리고 정서 조절을 담당하는 곳이다. 즉 **정서 조절과 학습의 밀접한 연관성**은 추상적인 개념에서가 아니라 생물학적이고 실증적인 차원에서도 확인할 수 있다.

그렇다면 아동의 원활한 정서 조절을 위해서 부모는 자녀를 어떻게 양육해야 하는가? 부모는 아동의 타고난 성격인 기질에 맞게 자녀를 양육해야 한다. 즉 타고난 아동의 기질에 따라 부모의 양육이 달라져야 한다. 아동을 부모에게 맞추는 것이 아니라, 삶의 연륜과 경험이 좀 더 있는 부모가 아동에게 맞춰 주어야 한다. 아동의 기질을 설명하는 여러 이론이 있지만 우리에게 익숙한 순둥이 기질과 까다로운 기질의 아동으로 구분해 보자. 순둥이 기질의 아동은 사실 제때 먹여주고 재워주고 입혀주고 학원을 보내 주면, 부모에게 고마워하고 학원은 가야 하는 곳이라고 생각하는, 부모의 손이 덜 가는 아동들이다.

문제는 까다로운 기질의 아동들이다. 까다로운 기질의 아동들을 키우는 부모들은 자녀들을 이해하기 어렵고 자녀들의 다음 행동을 예측하기 힘들기 때문에 양육의 어려움을 종종 토로한다. 아동은 부모의 반응을 통해 자신이 어떤 사람인지 깨달아 간다. 이러한 점을 고려할 때 아동들에게 보여지는 부모의 태도 혹은 아동의 행동에 대한 반응을 어떻게 취하느냐가 매우 중요하게 된다. 아동의 언행에 부모가 도대체 이해가 가지 않는다는 반응을 취한다면, 매번 버럭 화를 내거나 혼을 낸다면, 아동은 스스로 자신을 어떻게 생각할까? 긍정적인 자아상을 가질 수 없다는 것은 명백한 일일 것이다.

도저히 우리 자녀는 이해할 수 없다고 생각하는, 부모-자녀 관계가 매우 부정적인 악순환에 빠져 있는 경우도 있을 것이다. 그런데 생각해 보면, 이러한 타고난 성격인 기질은 상당 부분 유전이어서 부모 자신도 어렸을 때 자녀와 비슷한 특성을 보였을 가능성이 매우 크다. 지금 기억하지 못할 뿐이지, 아동의 기질 특성은 절대 하늘에서 뚝 떨어진 것이 아니다. 따라서 자신의 어렸을 적 부모-자녀 관계를 떠올리며, 그때의 자신의 어려움을 기억해 내는 과정이 필요하다. 물론 쉽지 않다. 우리는 스스로 고통을 떠올리고 싶어 하지 않고, 현재의 삶에 만족하고 있다면 자기합리화의 과정을 통해 그러한 고통을 상당 부분 미화하여 기억하고 있기 때문이다. 예를 들면, '어렸을 때 힘들었지만, 부모님이 다 나를 위해서 그렇게 하신 거야.'라고 생각하고 있을 가능성이 크기 때문이다. 고통스러운 시간으로 다시 돌아가는 경험은 유쾌하지 않지만, 성숙한 부모로서 아동의 원활한 정서 조절을 위해서는 아동이 부모에게 수용 받고 있음을, 공감받고 있음을 표현해 주어야 한다. 그러기 위해서는 자신의 부모-자녀 관계에서 어려웠던 부분을 다시 돌아볼 수 있는 용기가 요구된다. 내 아이가 나와 크게 다르지 않다는 것, 내가 어렸을 때 이해하기 힘들고 때로는 나에게 고통을 주었던 어린 시절을 떠올리는 것만으로, 그리고 내가 받고 싶어 했던 대접을 자녀들에게 해 주는 것만으로, 우리 아이들을 어떻게 대해야 하는지 방향을 찾을 수 있다.

코로나로 인한 욕구좌절과 정서적 불안정감, 그리고 아이들과 절대적으로 많은 시간을 보내야 하는 부모들이 경험할 무기력감과 같은 부정적 정서를 직접적으로 다루는 정서 조절의 중요성에 대한 이야기는 잠깐 제쳐놓고, 코로나가 가져온 학력 저하의 시대를 살아가는 우리의 현실을 다시 한번 생각해 보자. 21세기를 사는 부모들은 특정 직업을 가진다거나 돈을 많이 버는 것이 인생의 성공이라고 여기고 자녀를 양육하지는 않을 것이다. 또한 삶의 목표는 우리에게 인생의 방향을 제공할 뿐 그 목표를 반드시 달성해야 할 절대적 가치를 지니고 있지 않음을 또한 인지하고 있을 것이다. 그럼에도 불구하고 우수한 학습 능력을 가진 자녀로 키우고 싶은 욕구에 사로잡힌다면, 학습과 동시에 정서 조절 능력이 반드시 상호보완적 위치에서 동반되어야 한다는 것을 기억하자. 즉 아이 스스로 자신의 정서를 받아들이고 표현할 수 있는 능력이 있어야 공부도 잘할 수 있다는 것이다. 그러나 일부 아동은 너무 까다로운 기질을 가지고 있어서 이 과정이 매우 힘들 수도 있다. 그렇지만 타고난 기질 특성을 물려준 부모로서 그리고 어른으로서, **부모가 아동의 기질 표현을 수용하고 적절하게 표현하도록 도울 일차적인 책임이 있다**는 점을 상기해야 하겠다. 그런데 그 어른인 내가 그 방법을 모른다면? 어린 시절의 고통과 마주할 수 있는 용기와, 고통스런 어린 시절을 보낸 나를 스스로 애도하는 시간이 필요하다. 그래도 정 방법을 모르겠다면 주변의 전문가에게 도움을 받길 권한다.[34]

포스트 코로나 시대의 행복 이야기

우리는 누구나 행복을 추구한다. 우리 삶의 궁극적인 목표는 행복이 아닐 수 없다. 학자들은 행복을 **헤도닉**(hedonic)과 **유대모닉**(eudaimonic)으로 구분한다. 헤도닉적 행복은 쾌락과 즐거움의 경험을 통해 행복에 도달할 수 있다고 믿는 반면에, 유대모닉적 행복은 (삶의) 의미와 목표에 대한 경험을 통해 행복에 도달할 수 있다고 본다. 어떤 행복을 추구할 것인지는 개인의 가치관에 따라 상당히 다를 것이다. 이러한 논쟁은 철학자들에게도 예외는 아니었다. 또한 철학으로부터 독립한 심리학 역시 이러한 담론을 다루고 있다. 그렇다면 실용적인 측면에서 바라볼 때 우리는 어떻게 하면 행복해질 수 있는지 생각해보게 된다. 특히 심리과학 혹은 심리학이란 방법은 추상적인 개념을 구체적인 개념으로 풀어서 보여주는 과학의 영역이므로.

　　행복을 연구하는 많은 연구들이 존재하지만, 개인의 적응/부적응 혹은 정신병리학적 관점까지 확장하여 살펴본 대표적인 학자로 클로닌져 박사를 꼽을 수 있다. 클로닌져 박사는 행복을 측정할 수 있는 TCI라는 성격검사를 개발하였는데, 앞에서 설명하였던 것처럼 타고난 성격인 자신의 기질을 잘 이해하고, 취약한 기질이 단점으로 표현되는 상황에서 어떻게 대처할지 학습하는 것을 목표로 한다. 개인의 타고난 정서적 경향성 너머, 자신이 목표한 것을 성취할 수 있도록 스스로를 통제하고 조율할 수 있는 특성인 '자율성'과 사회의 일원으로 자신뿐만 아니라 타인을 이해하고 배려하며 공감하고 협동할 수 있는 능력인 '연대감', 그리고 자신을 뛰어넘는, 자연의 부분으로써 자신을 받아들이며 결과보다는 과정을 즐기고 겸손하며 물질적인 것만이 아닌, 영적인/정신적인 것을 가치 있는 것으로 받아들일 수 있는 특성인 '자기초월'이라는 세 가지 인격적 성숙을 측정할 수 있다는 '성품'을 만들어 냈다. 즉 자신의 목표를 추구하고 성취함과 동시에 자신만의 발전이 아닌 다른 사람의 복지와 발전을 같이 도모하는 것이 중요하며(연대감), 이를 통해 현재의 자신을 초월하는, 자신의 유한함을 깨닫고 자신의 삶을 넘어서 무한한 시간과 공간 속에서 자신을 바라보고 서로 연결되어 있는 것을 느끼는(자기초월) 것이 행복을 추구하는 데 반드시 필요한 요소임을 강조한다.

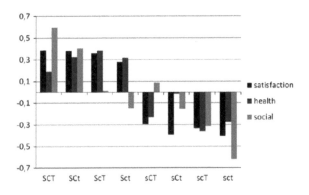

그림 3. 성품(character)과 행복의 관계: 삶의 만족감(satisfaction), 건강(health), 사회적 지지(social) 척도를 이용하여 측정한 행복

나–우리–초월로 이어지는 행복의 개념은 매우 사변적이고 추상적인 개념일 수 있다. 그런데 클로닌져 박사는 이러한 행복찾기를 다양한 연구를 통해 실증적으로 보여준다. 일련의 연구 중에 그림 3의 연구[35]를 보면서 설명해 보자. 우선 그림 3을 X축과 Y축으로 나누어 살펴보면, 연구자들은 X축에 8가지 성품의 조합을 나열했는데, 이때 조합은 자율성, 연대감, 자기초월의 점수를 평균을 기준으로 높고 낮음이라는 2X2X2의 8가지 조합을 의미한다. 자율성, 연대감, 자기초월은 각각 S(self-directedness), C(cooperativeness), T(self-transcendence)를 의미하며 대문자 S는 자율성의 높은 점수를, 소문자 s는 자율성의 낮은 점수를

의미한다. 연대감의 대문자 C와 소문자 c, 자기초월의 대문자 T와 소문자 t도 동일하다. 한편 연구자들은 사람의 행복을 삶의 만족감, 건강, 그리고 사회적 지지(사회적 만족감이라고 이해해도 좋겠다)라는 세 가지 측면에서 측정하고 이를 Y축에 놓았다(막대 그래프에 해당함). 막대그래프가 위로 향할수록 삶의 만족감, 건강, 그리고 사회적 지지가 높음을 의미하고, 막대그래프가 아래로 향할수록 반대로 삶의 만족감, 건강, 그리고 사회적 지지가 낮음을 의미한다. 이 그래프를 보면 왼쪽의 막대그래프들이 대부분이 위로 향해져 있다가(삶의 만족감, 건강, 사회적 지지가 높음), 중간 즈음에서 아래로 향하는 것(삶의 만족감, 건강, 사회적 지지가 낮음)을 관찰할 수 있다. 이러한 변곡적 관계는 왜 생기는 것일까?

이는 대문자 S가 소문자 s로 변화하는 지점, 자율성이 높다가 낮아지는 지점에서 일어나는 변화이다. 즉 자율성의 높은 점수가 우선적으로 개인의 만족감, 건강, 사회적 지지에 긍정적인 영향을 미치고 있으며, 이는 전반적으로 행복하다고 느끼는 것을 의미한다. 연대감과 자기초월의 높은 점수도 부분적으로 긍정적 영향을 미치지만 자율성의 영향력이 행복감을 나타내는 세 요소인 삶의 만족감, 건강, 사회적 지지의 방향을 결정하였다. 따라서 자신을 상황에 맞게 조절하고 자신의 목표를 향해 나아갈 수 있는 책임감, 목적의식, 유능감 등과 같은 자율성 특성의 개발이 행복해지기 위해서 가장 먼저 선행되어야 한다.

두 번째로는 자율성의 개발을 기반으로(자율성의 상승 없이 연대감만 개발하는 것은 해당되지 않는다), 타인을 수용하고, 공감하며, 이타적인 면모를 보여주는 연대감 특성을 개발시키는 것이 중요하다. 우리는 천성적으로 이기적인 존재이다. 자신의 이익을 우선적으로 챙기고, 남보다는 나의 욕구에 충실한 존재이다. 그렇지만 좀 더 행복한 삶을 원한다면 다른 사람과 더불어 사는 삶의 의미를 되새겨야 한다. 물론 우리 모두가 타인과 함께 나아가는 삶을 꿈꾸지는 않는다. 그러나 인생의 목표가 '행복'이라면 자율성과 연대감이라는 두 마리 토끼를 잡는 목표를 세워야 할 것이다.

세 번째로는 자율성의 개발을 기반으로 한 자기초월의 개발이다. 역시 자율성의 상승 없이 자기초월만(혹은 연대감과 자기초월 모두를) 개발하는 것은 의미가 없다. 자신에게만 초점 맞춰진 자의식을 벗어 던지고 나를 둘러싼 모든 것들이 연결되어 있음을 느끼면서 물질이 아닌 정신적인 것에 초점을 두는 자기초월 특성을 개발하는 것이 중요하다고 보았다. 나(자율성)—나를 넘어선 우리(연대감)—자기초월로 이어지는 개념은 사실 클로닌져 박사만이 이야기한 것은 아니다. 생리적 욕구—안전의 욕구—소속(사회)의 욕구—존중의 욕구를 거쳐 자아실현에 도달하게 된다고 주장했던 매슬로우(Abraham Maslow) 박사도 말년에 자신의 욕구 이론을 비판하면서 가장 상위 개념의 욕구로 초월의 욕구를 제안하였다.[30] 즉 개인은 자신을 넘어서는 우리, 인류, 자연, 우주로 연결되는 그 무언가에 몰입함으로써 완벽한 자아실현=행복에 도달할 수 있다고 보았다.

따라서 코로나 시대임에도 불구하고 행복해지기 위해서는, 우리는 자율성의 발달을 위해 노력해야 한다. 즉 코로나 상황에도 불구하고 작든 크든 개인의 목표 성취를 위해 해 왔던 일상적인 일들을 꾸준히 실행해 나가야 한다. 특히 코로나 종식 후 다가올 포스트 코로나 시대를 떠올리며, 우리는 코로나만 지나면 모든 것들이 잘 풀릴 것이라는 희망을 품을 수 있다. 그러나 미래는 그 희망대로 풀리지 않을 것이라는 점을 기억해야 한다. 왜냐하면 습관화가 일어나 지금 예상하는 희망은 그 미래에 실제로 도달하면 빛이 바래 있을 것이라는 점이다. 동시에 불행한 일도 마찬가지로 현재 느끼는 불행 혹은 절망감이 현재 느끼는 고통만큼 미래에 동일하게 다가오지 않을 것이라는 점이다. 이 역시 습관화를 통해 시간이 흐르고

나면 그렇게 불행하거나 절망적이지 않음을 경험하게 된 다[37]. 따라서 코로나 시대인 지금도 포스트 코로나 시대인 미래에도 일상에서 꾸준히 목표를 향해 전진하는 태도를 유지하는 것이 중요하다.

그러나 자신에게만 초점 맞추어져 있는, 헤도닉적 행복 상태에서 벗어나 보다 유대모닉적 행복한 삶을 살기로 결심했다면, 즉 삶의 만족감, 건강, 그리고 관계의 만족감을 누리기로 결심했다면, 연대감의 발달을 위해 타인과 더불어 사는 삶을 살아야 한다. 이때 타인은 나의 가족만, 친척만, 지인만 챙기는 것이 아니라, 성경에서의 '네 원수를 사랑하라' 혹은 불경에서 말하는 '자비'의 정신을 타인에게 실천하는 것을 포함한다. 『혼자만 잘 살믄 무슨 재민겨』라는 전우익 작가의 책 제목처럼[38] 타인과 더불어 사는 삶을 선택하는 용기와 도전 정신을 갖추어야 할 것이다.

더불어 우리는 자기초점화된 자의식에서 벗어나 우리의 주변을 돌아보고, 미처 깨닫지 못했던 일상의 소중함을 자각하는 자세가 필요하다. 당연하게 여겨왔던 평범한 일상들이 지니고 있었던 의미를 기억하고, 포스트 코로나 시대에도 이런 소소함 속에 숨어 있던 삶의 의미와 기쁨 등을 여전히 음미할 수 있어야 한다. 동시에 우리는 코로나로 인해 야기되었던 부정적 영향뿐만 아니라 긍정적 영향도 되돌아볼 수 있어야 한다. 어떤 상황이든 언제나 장점과 단점이 같이 공존한다. 모든 현상은 좋은 것과 나쁜 것을 함께 가지고 오는, 패키지로 오는 것이 아닐까.

마무리하며:
자손들이 살아갈 미래의 지구

코로나가 발생할 수밖에 없었던 상황들을 떠올리며 관점을 조금만 이동해 본다면, 우리는 지구라는 거대 숙주에 사는 바이러스 같은 존재일 수 있다. 지구 밖 우주에 있는 다른 숙주를 아직 찾지 못했다면, 우리는 지구라는 숙주를 잘 보존해야 한다. 특히 우리만 살고 떠나는 지금(now)의 지구만이 아니라 우리의 사랑스런 자손들이 살아갈 미래(future)의 지구를 거시적인 차원에서 보존해야 한다.

그러기 위해서는 우리에게 주어져 있다고 생각해서 미처 깨닫지 못했던 주변의 모든 것들과 우리가 떼려야 뗄 수 없는 관계에 놓여 있는 것을 자각해야 하지 않을까? 우리는 당장 눈에 보이는 것에 이끌려 사는 존재이지만, 코로나를 통해 우리에게는 과거가 현재에 반복되고, 이러한 현재가 다시 미래에 반복될 수 있음을 깨닫게 된다. 그리고 이 모든 것들이 서로 연결되어 있으며 눈앞의 이익이 천천히 그러나 결국 미래의 불이익이 되어 우리에게 돌아오고 있음을 목격하고 있는 것이 아닐까?

또한 타인과 더불어 사는 삶은 자신의 이익을 먼저 생각하게 되어 있는 인간의 본성에 부합하지 않는 목표처럼 보인다. 그러나 복잡하게 얽혀있는 현대의 삶에서 혼자서 사는 것이 불가능하다는 것을 인정한다면 어떨까? 또한 나의 확장형에 가족이 들어간다면, 그리고 현재를 넘어서 아직 태어나지 않은 나의 자손을 가족에 포함한다면 어떨까? 충분히 이기적인 인간의 본성을 충족하면서도 남과 더불어 행복하게 사는 삶이 가능하지 않을까?

개인의 변화 가능성을 믿으며 타고난 성격인 기질(자극추구, 위험회피, 사회적 민감성)의 단점을 성품을 통해 조절하고 변화시키려는 노력도 필요하고, 학력 저하가 가시적으로 드러난 코로나 시대에 자녀의 학습 능력 향상을 위해 정서 조절의 중요성도 이야기하였다. 또한 인생의 목표인 행복을 위해 삶의 만족감, 건강, 사회적 지지를 높여야 하고, 이를 위해서는 성품(자율성, 연대감, 자기초월) 개발의 필요성도 열심히 피력하였다.

그런데 급속 성장과 물질적 풍요라는 목표로 지나치게

바쁘게 살아온 우리의 삶을 잠깐 멈추고 돌아보면서 무엇 때문에 이렇게 살고 있는지, 궁극적인 삶의 목표를 다시 한번 깨닫는 것이 필요할 때가 아닐까? 여유 없는 생활 속에서 스트레스에 찌들어 있던 우리에게 불쑥 찾아온 것처럼 보이는 불청객인 코로나는 일상의 소소함을 되돌아 보면서, 타인과 더불어 살아가기 그리고 우리를 둘러싼 모든 것들과 연결되어 있음을 자각하도록 하는 불편하지만 고마운 손님이 아닐까?

훈련과 노력, 연습을 통해 문제상황을 해결해야 하는 당위성에 파묻혀, 문제해결만을 위해 달려오며 해결 방법만 찾아왔다면, 우리는 이제 그 문제를 왜 해결해야 하는가? 또는 그것이 과연 문제인가라는 질문을 스스로에게 던져볼 때가 된 것 같다. 이러한 질문을 통해 문제의 본질에 대해 고민해 보는 자각의 과정은 다행스럽게도 크게 노력을 기울이지 않아도 얻어질 수 있다. 오히려 자각은 힘을 빼고 가만히 있으면 저절로 주어지는 것일 수도 있다. 레이클(Marcus Raichile) 박사는 우리가 '멍때리는' 그 순간에 뇌는 휴식을 취하는 것이 아니라, 흩어져 있는 의식의 조각들을 다시 정리하고 맞추면서, 일과 관계의 어려움에 대한 해결책이 저절로 떠오르는 디폴트 모드 네트워크(default mode network)[39] 개념을 발견하였다. 무엇을 애

써 의도적으로 고민하는 것조차 내려놓고, 바쁜 일상에서 코로나 덕분에 다소 강제적으로 주어진 멍때리기를 통해 우리의 삶의 목표를 다시 자각하는 기회를 가지게 되었다면, 타인과 더불어 살아가는 소중함과 그런 우리를 둘러싼 자연의 소중함을 자각하면서, 일상의 소소함이 주는 확실한 행복인 '소확행'에 한 발짝 더 다가갈 수 있지 않을까?

부록

이 글을 이해하는 데 도움을 줄 수 있는 자료가 있다면

- TCI가 어떤 심리검사인지 궁금하다면, ㈜ 마음사랑의 TCI 검사(기질 및 성격 검사) 를 받아보길 권한다(https://www.maumsarang.kr/).

- 논문으로 TCI를 접하고 싶다면, 이수진, Cloninger, C. R., Cloninger, K. M., 채한이 2014년 출판한, 「기질 및 성격 검사의 통합의학적 활용」을 읽어보길 권유한다(『동 의신경정신과학회지』 25(3), 213-224).

- 책으로 TCI 및 그 밑에 깔려있는 이론을 접하고 싶다면, C. Robert Cloninger의 『Feeling Good』(2004)을 읽어보길 권한다. 아쉽게도 이 역시 우리말로 아직 나오지 는 않았지만 뜻이 있는 곳에 길이 있지 않을까.

- 마지막으로 웰빙코칭 프로그램을 접하고 싶다면, 앤쓰로피디아 홈페이지(https:// anthropedia.org/)를 방문하길 바란다.

미주

1) 『시민의 인성』(강신익 외, 당신의 서재, 2018)에서 발췌하였다.

2) 『시민의 인성 2』(김종기 외, 당신의 서재, 2019)에서 발췌하였다.

3) 『시민의 인성 3』(서정희 외, 당신의 서재, 2020)에서 발췌하였다.

4) 저자가 강의 중에 쓰는 자료인데 사진들은 아래의 사이트에서 캡쳐해 왔다.
   https://www.fmkorea.com/915710137
   https://kr.pinterest.com/shdmsdud0219/%EC%9D%B8%EB%AC%BC/
   https://blog.naver.com/wimubulk15/80175189535

5) 출처: 네이버 국어사전.

6) 상담이란 현재 우리가 겪고 있는 문제, 심리적 어려움과 고통을 함께 대화로 해결해 나가는 과정으로, 당면한 문제해결과 자기이해를 돕고, 앞으로 삶에서 자신이 나아갈 방향을 결정하도록 협력하는 작업이다(한국상담심리학회 홈페이지에서 따옴). https://krcpa.or.kr/user/new/sub02_1.asp

7) 이러한 반응을 '무조건적 반응' 또는 '일차적 반응'이라고 하는데 기억해 두자.

8) 출처: 네이버 국어사전.

9) 출처: 네이버 국어사전. 한자어는 다른데 우리말은 같다.

10) 출처: 유튜브 <3분 마음보기 연습>. https://www.youtube.com/watch?v=zCpNnO7DyWY&t=1s

11) 출처: "마음챙김 명상 앱 '마보', DHP에 1억 투자 받고 엑셀러레이팅 시작", <뉴시안>, 정창규, 2019.07.11. http://www.newsian.co.kr/news/articleView.html?idxno=35990

12) 마보의 언급과 관련하여 저자는 마보로부터 어떠한 이득도 제공받지 않음을 밝힌다.

13) 혈압, 호흡수 등의 특정 신체 작용을 개인의 의식적 노력 없이 자율적으로 작동하도록 하는 신경계로 교감신경계와 부교감신경계로 구분할 수 있다. 교감신경계는 싸우고, 도망가고 각성될 때 활성화되며, 부교감신경계는 쉬고 먹고 마실 때 활성화된다.

14) 감정에 관하여 잘 정리된, 그러면서 읽기 쉬운 책을 한 권 소개한다면, 고려대

학교 심리학과 최기홍 교수가 쓴, 『나를 위한, 감정의 심리학』(국수, 2022)을 추천한다.

15) 관계 구성 틀 이론(relational frame theory: RFT)에 대한 설명으로, RFT는 제3세대 인지행동치료인 수용전념치료(ACT)의 이론적 토대가 되는 이론이다. RFT와 수용전념치료에 대해 궁금하다면 『마음에서 빠져나와 삶 속으로 들어가라』(스티븐 C. 헤이즈, 학지사, 2010)라는 조금 어려운 책을 권한다.

16) 도서출판 디플롯에서 출간한 책으로, 한국에서는 2021년에 나왔으며 10만 부 이상 팔린 책이다.

17) <ET>, <인디아나 존스> 등을 만든 할리우드의 대표 감독인 스티븐 스필버그가 2019년 <우리는 왜 증오하는가(Why we hate)>라는 디스커버리 방송의 다큐멘터리에서 이러한 현상을 설명하였다.

18) 미국의 대표적인 사회심리학자인 엘리옷 아론슨(Elliot Aronson)이 개발한 개념으로, 서로 다른 집단/인종 간 차이점은 약화시키고 자존감을 증진시키면서 과제를 협력적으로 해결할 수 있도록 돕는 학교 교실 내 방법이다. 퍼즐의 한 조각이 다른 한 조각과 잘 맞춰지면서 전체 퍼즐을 맞춰 나가듯이, 모둠활동에서 구성원이 자신이 맡은 역할을 충실히 수행하면서 이를 기반으로 다른 구성원이 모둠활동의 성과를 완성해 가는 것이다. 이질적이고 다문화적인 구성원들은 다른 구성원을 배척하거나 소외시키지 않고, 모둠활동의 목표를 위해 협력적으로, 친절함을 발휘하면서 자신의 맡은 역할을 완성해 나가는 것을 의미한다고 할 수 있다.

19) 한국말로 적절한 번역이 없어서 다른 저자들처럼 유대모닉으로 쓸 수밖에 없어 안타깝다.

20) 「기질 및 성격검사(TCI) 성격프로파일에 따른 대학생의 주관적 안녕감 연구」(김민진, 경성대학교 석사학위논문, 2020), 「중년여성 만학도의 학습참여동기와 주관적 안녕감의 관계: 사회적지지, 자기효능감, 삶의 의미, 성격의 영향」(여정미, 경성대학교 박사학위논문, 2023)나 「Personality and the perception of health and happiness」(Zohar & Cloninger, 『Journal of Affective Disorders』128, 2011), 「Associations of personality profiles with various aspects of well-being: A

population-based study」(Kim Josefsson 외, 『Journal of Affective Disorders』133, 2011) 등의 논문을 참고할 수 있다.

21) 저자는 특정 종교를 믿지는 않는다. 강의나 상담에 도움이 되는 좋은 이야기라면 불교, 기독교, 이슬람교든 가리지 않는다.

22) 출처: 유튜브 <법륜스님의 즉문즉설 제1486회>. https://www.youtube.com/watch?v=r2Hb1peDdvc

23) 제거되어야 할 행동을 혐오스러운 자극 상태와 결합시킴으로써 혐오 자극에 대한 회피와 함께 바람직하지 못한 행동도 없어지게 하는 방법.

24) 출처: 위키백과 <메타인지>. https://ko.wikipedia.org/wiki/%EB%A9%94%ED%83%80%EC%9D%B8%EC%A7%80

25) 예전에는 인격장애라고도 불리웠다.

26) 2024년에 출간된 『시민의 인성 4』(김용수 외, 부산대학교출판문화원)에서 발췌하였다. 당시의 현장감을 느끼기 위해 현재의 시제로 변경하지 않았다.

27) 출처: "코로나19 발생 1년…과거에서 배운 것과 현재 얻은 것, 그리고 미래는?", <메디게이트 뉴스>, 배진건, 21.01.22. http://medigatenews.com/news/2272824728

28) 출처: "인류의 재앙 신종 바이러스, 왜 생길까?", <헬스조선>, 이해나, 2020.01.30. https://health.chosun.com/site/data/html_dir/2020/01/29/2020012903329.html?form=MY01SV&OCID=MY01SV

29) 울산 울주군 정신건강복지센터의 울주마음건강TV의 인터뷰 원고를 수정하여 실었다.

30) 출처: "무한 체력' 아이들, 운동선수만큼이나 근육 質 뛰어나네", <헬스조선>, 김진구, 2018.05.04. https://health.chosun.com/site/data/html_dir/2018/05/03/2018050303537.html?form=MY01SV&OCID=MY01SV

31) https://news.joins.com/article/21068053

32) 출처: "어떤 부모가 좋은 부모일까?", <정신의학신문>, 유길상, 2019.10.10. http://www.psychiatricnews.net/news/articleView.html?idxno=16834

33) 출처: "뇌의 구조와 기능 2", <정신의학신문>, 유진수, 2016.11.30. https://www.

psychiatricnews.net/news/articleView.html?idxno=16834

34) 더 전문적인 도움을 받고 싶다면, 주변에 의외로 많은 곳에서 부모교육을 무료로 제공하는 곳을 찾을 수 있다. 청소년 상담복지센터, 건강가정지원센터, 정신건강복지센터 등이 그곳이다.

35) Josefsson 등이 2011년에 『Journal of Affective disorders』에 출판한 연구로, 제목은 「Associations of personality profiles with various aspects of well-being: A population-bsed study이다.

36) 출처: 위키백과 <매슬로의 욕구단계설>, https://ko.wikipedia.org/wiki/%EB%A7%A4%EC%8A%AC%EB%A1%9C%EC%9D%98_%EC%9A%95%EA%B5%AC%EB%8B%A8%EA%B3%84%EC%84%A4

37) 더 자세한 내용을 살펴보고 싶다면 『행복에 걸려 비틀거리다』(대니얼 길버트 저, 최인철, 서은국, 김미정 역, 김영사, 2006)를 추천한다.

38) 전우익, 『혼자만 잘 살믄 무슨 재민겨, 현암사, 2017.

39) 출처: "아무것도 하지 않기 - Default mode에서 회복하기", <정신의학신문>, 김총기, 2016.07.30. http://www.psychiatricnews.net/news/articleView.html?idxno=1492

Collectio Humanitatis pro Sanatione V

행복해질 수 있는 용기

초 판 1쇄 2024년 09월 25일

지은이 이수진
펴낸이 류종렬

펴낸곳 미다스북스
본부장 임종익
편집장 이다경, 김가영
디자인 윤가희, 임인영
책임진행 안채원, 이예나, 김요섭
표지 일러스트 이성민 〈희망을 품다〉
저자 일러스트 신노을
책임편집 류재민, 김남희, 배규리, 이지수, 최금자

등록 2001년 3월 21일 제2001-000040호
주소 서울시 마포구 양화로 133 서교타워 711호
전화 02) 322-7802~3
팩스 02) 6007-1845
블로그 http://blog.naver.com/midasbooks
전자주소 midasbooks@hanmail.net
페이스북 https://www.facebook.com/midasbooks425
인스타그램 https://www.instagram.com/midasbooks

© 치유인문컬렉션 기획위원회, 미다스북스 2024, *Printed in Korea*.

ISBN 979-11-6910-805-8 03100

값 17,000원